당신은 소중한 존재 입니다.

_____님께

_____드림

천국가는

외길

천국가는 외길

지은이 | 진희근
펴낸이 | 원성삼
펴낸곳 | 예영커뮤니케이션
초판 1쇄 발행 | 2006년 9월 20일
초판 8쇄 발행 | 2019년 12월 13일
등록일 | 1992년 3월 1일 제2-1349호
주소 | 04018 서울시 마포구 동교로 55 2층(망원동, 남양빌딩)
전화 | (02) 766-8931
팩스 | (02) 766-8934
홈페이지 | www.jeyoung.com
ISBN 978-89-8350-412-8 (03230)

값 9,000원

 모든 인간은 하나님의 형상을 닮은 존귀한 존재입니다. 사람은 인종, 민족, 피
부색, 문화, 언어에 관계없이 모두 다 존귀합니다. 예영커뮤니케이션은 이러한
정신에 근거해 모든 인간이 존귀한 삶을 사는 데 필요한 지식과 문화를 예수 그리스도의
사랑으로 보급함으로써 우리가 속한 사회에 기여하고자 합니다.

천국가는 외길

진희근 지음

예영커뮤니케이션

저자의 글

중학교 일학년 때 큰집에 가서 할머니와 이야기를 나눈 적이 있다. 그런데 나와 이야기를 하시던 할머니께서 갑자기 쓰러지셔서 그 길로 돌아가셨다. 할머니의 죽음은 어린 내게 큰 충격으로 다가왔다. 사람이 살고 죽는 것이 종이 한 장 차이구나 하는 것을 깨닫고 주위를 둘러보니, 모든 사람이 다 죽어가는 사람으로 보였다. 사실 알고 보면 모든 사람은 다 죽어가고 있는 존재이다. 그러므로 사람들이 가장 우선적으로 준비해야 하는 것은 영원히 사는 길을 찾는 것이다.

누가 만약 "당신의 소원을 한 가지만 말해보시오."라고 하면 나는 망설임 없이 이렇게 말할 것이다.

"그것은 제 설교를 듣는 모든 사람이 다 구원을 받아 천국에서 영원히 함께 하는 것입니다."

세상에 이것보다 더 중요하고 시급한 일이 어디에 있겠는가. 그래서 가능하면 자주 주일 낮 설교시간에도 예수 그리스도를 구주로 영접할 기회를 주고, 복음의 핵심을 주제로 한 설교를 많이 하려고 노력을 한다. 그런데 문제는 나의 설교를 듣지 않는 사람들에게는 다가갈 수 없다는 것이다. 특히 친척 가운데 아직까지 예수를 믿지 않는 분이 몇 분 계시는데 명절에 만나 짧게 전도를 해 보기도 하지만, 자세하게 복음의 내용을 설명할 수 있는 시간도 부족하고 분위기도 잘 조성되지 않는다. 그리하여 이러한 분들을 염두에 두고 이 책을 준비했다.

나의 소망은 내 설교를 듣는 사람과 마찬가지로 이 책을 읽는 사람이 한 사람도 빠짐없이 다 영원한 생명을 얻는 것이다. 이 책이 영원한 생명의 길을 찾고 있는 자에게는 구원의 이정표가, 교회는 다니나 분명한 구원의 확신이 없는 자에게는 예수 그리스도를 구주로 영접할 수 있는 기회가, 그리고 온 천하보다 더 귀한 영혼을 구원하는 일에 쓰임받기를 원하는 자에게는 효과적인 전도의 지침서가 되기를 바란다.

무엇보다 부족한 종을 말씀의 전달자로 사용해 주시는 성삼위 하나님께 감사와 영광을 올려드리고 싶다.

부족한 나의 설교를 늘 경청해 주시고, 끊임없이 기도해 주시는 창립 25주년을 맞이한 승리교회의 모든 성도들에게 진심으로 감사를 드린다. 또한 아들의 목회를 위해 새벽마다 기도해 주시는 부모님과 늘 곁에서 기도와 격려를 아끼지 않는 사랑하는 아내와 아들 셈에게, 정성들여 원고를 정리해주신 예영커뮤니케이션에 깊은 감사의 마음을 전한다.

2006년 9월
진 희 근

차례

1부 천국과 지옥은 실제로 있다_ 11

    1장 천국과 지옥, 선택은 하나!_ 13
    2장 구원받을 자격이 없는 자_ 36
    3장 죽음이 두렵지 않은 사람_ 62

2부 교회 밖의 불신자, 교회 안의 불신자 _ 85

    1장 은혜로 주어지는 하나님의 선물_ 87
    2장 마음으로 믿고 입으로 고백하라 _ 113

3부 당신을 위한 십자가의 사랑 _ 139

1장 세상에서 가장 큰 고통 그리고 사랑 _ 140
2장 세상에서 가장 강한 자, 십자가의 예수 _ 158

4부 최선을 위해 차선을 버리라 _ 177

1장 초점이 분명한 삶을 택하라 _ 178
2장 전도는 '추수' 가 아니라 '농사' 다 _ 196

천국과 지옥은 실제로 있다

천국과 지옥, 선택은 하나!

한 부자가 있어 자색 옷과 고운 베옷을 입고 날마다 호화로이 연락하는데 나사로라 이름한 한 거지가 헌데를 앓으며 그 부자의 대문에 누워 부자의 상에서 떨어지는 것으로 배불리려 하매 심지어 개들이 와서 그 헌데를 핥더라 … 아버지여 나사로를 내 아버지의 집에 보내소서 내 형제 다섯이 있으니 저희에게 증거하게 하여 저희로 이 고통 받는 곳에 오지 않게 하소서 아브라함이 가로되 저희에게 모세와 선지자들이 있으니 그들에게 들을찌니라 가로되 그렇지 아니하니이다 아버지 아브라함이여 만일 죽은 자에게서 저희에게 가는 자가 있으면 회개하리이다 가로되 모세와 선지자들에게 듣지 아니하면 비록 죽은 자 가운데서 살아나는 자가 있을찌라도 권함을 받지 아니하리라 하였다 하시니라(눅 16:19-31).

"지옥 가시면 되겠네!"

몇 년 전에 서울역 앞에 있는 남산공원에서 전도를 할 때다. 공원 벤치에 앉아있는 한 청년에게 다가갔다. 그 청년은 철학을 전공한 사람 같았다. 임마누엘 칸트가 어쩌고저쩌고 하더니 불쑥 내게 이런 질문을 했다.

"당신이 나에게 예수 믿고 천당 가라는데, 당신은 천당을 가 봤습니까? 천당과 지옥이 있다는 것을 증명하면 내가 예수를 믿지요."

난감해서 어떻게 할까 기도하던 중 성령님께서 지혜를 주셨다. 나는 청년에게 이런 질문을 했다.

"만약 천국과 지옥이 있다면 당신은 어디에 갈 것 같습니까?"

"만약 있다면 저는 지옥 가겠지요."

"그럼 지옥 가시면 되겠네."

"아니, 어떻게 그런 악담을 합니까?"

"당신은 지옥은 없다고 하지 않았습니까?"

"만에 하나라도 있다고 가정하고 하는 말이죠."

가정은 아직 증명되지 않은 사실에 대해 하는 말이다. 나는 '가정'이라는 말을 청년에게 듣고는 그를 응시하며 말했다.

"그렇다면 가정을 똑바로 해야지, 만에 하나가 아니고 둘에 하나지요. 나는 틀림없이 천국과 지옥이 있다는 것을 믿고 있는데 당신이 원하는 방법으로 지금 여기서 증명할 수는 없습니다. 그러나 천국과 지옥이 없다고 생각하는 당신 역시 천국과 지옥이 없다는 것을 증명하지는 못하지 않습니까? 그렇다면 천국과 지옥이 있을 확률은 몇 퍼센트입니까? 엄중하게 중립적으로 본다면 각각 오십 퍼센트겠지요. 그러면 지금 당신은 지옥 갈 확률 오십 퍼센트를 가지고 사는 겁니다. 만약에 사고 날 확률이 백분의 일인 버스가 있다고 하면 사람들이 그

버스를 타겠습니까? 안 타지요. 이 음식을 먹었을 때 죽을 확률이 천분의 일이라고 하면 그 음식을 먹겠습니까? 아무리 맛이 있어도 안 먹겠지요. 그렇다면 지옥 갈 확률이 오십 퍼센트인데도 그것에 대해서 아무런 대비를 하지 않고 살아가는 사람이 현명한 사람이라고 할 수 있을까요?"

내 얘기를 듣고 그 청년은 머리를 긁적이더니 좀 더 생각해 봐야겠다면서 도망치듯 사라졌다.

세상 사람들은 똑똑한 척을 한다. 그러나 그런 한편 얼마나 어리석은지 모른다. 우리 모두는 언젠가 반드시 죽는다. 사람들은 죽을 육체에 대해서는 관심이 많다. 조류독감, 광우병, 돼지콜레라가 뉴스에 오르면 한동안 우리 식탁에서는 먹을 것이 별로 없다. 밥 먹으러 갈 데가 마땅찮고 고깃집이 텅텅 비기도 한다.

사실 병 걸릴 확률은 천분의 일, 만분의 일도 안 된다. 그러나 얼마 안 되는 그 확률이 불안해서 사람들은 찾지 않고 먹지 않는다. 육신의 생명은 그렇게 소중히 여기면서 육신의 생명과는 비교할 수 없을 정도로 중요한, 영원한 영혼의 생명에 대해서는 관심을 갖지 않는다. 자신의 영혼에 투자하지 않는 것. 이 얼마나 어리석은 일인가?

누가 진정 불쌍한 사람인가?

"한 부자가 있어 자색 옷과 고운 베옷을 입고 날마다 호화로이 연락하는데 나사로라 이름한 한 거지가 헌데를 앓으며 그 부자의 대문에 누워 부자의 상에서 떨어지는 것으로 배불리려 하매 심지어 개들이 와서 그 헌데를 핥더라

이에 그 거지가 죽어 천사들에게 받들려 아브라함의 품에 들어가고 부자도 죽어 장사되매 저가 음부에서 고통 중에 눈을 들어 멀리 아브라함과 그의 품에 있는 나사로를 보고 불러 가로되 아버지 아브라함이여 나를 긍휼히 여기사 나사로를 보내어 그 손가락 끝에 물을 찍어 내 혀를 서늘하게 하소서 내가 이 불꽃 가운데서 고민하나이다

아브라함이 가로되 얘 너는 살았을 때에 네 좋은 것을 받았고 나사로는 고난을 받았으니 이것을 기억하라 이제 저는 여기서 위로를 받고 너는 고민을 받느니라 이뿐 아니라 너희와 우리 사이에 큰 구렁이 끼어 있어 여기서 너희에게 건너가고자 하되 할 수 없고 거기서 우리에게 건너 올 수도 없게 하였느니라 가로되 그러면 구하노니 아버지여 나사로를 내 아버

16

지의 집에 보내소서 내 형제 다섯이 있으니 저희에게 증거하
게 하여 저희로 이 고통 받는 곳에 오지 않게 하소서

아브라함이 가로되 저희에게 모세와 선지자들이 있으니
그들에게 들을찌니라 가로되 그렇지 아니하니이다 아버지 아
브라함이여 만일 죽은 자에게서 저희에게 가는 자가 있으면
회개하리이다 가로되 모세와 선지자들에게 듣지 아니하면 비
록 죽은 자 가운데서 살아나는 자가 있을찌라도 권함을 받지
아니하리라 하였다 하시니라"(눅 16:19-31).

위 비유는 예수님께서 친히 하신 말씀이다. 본문에 나오
는 부자는 세상의 시각으로 볼 때 참 행운아다. 그는 좋은 옷
을 입고, 좋은 음식을 먹고 날마다 잔치를 하면서 편안하게 늙
어서 죽었다. 아마 호화롭게 장사도 지냈을 것이다. 그러나 문
제는 죽은 이후다. 지옥의 불꽃 가운데서 고통당하며 고민하
며 지낸 것이다.

그 부잣집 앞에 있던 거지 나사로는 가난하고 병들고 비
참하게 살다가 죽었다. 아마 제대로 장사도 지내지 못했을 것
이다. 누군가 죽은 나사로를 거적대기에 둘둘 말아서 버렸을
지도 모른다. 그러나 그는 천국에 갔다. 그리고 아브라함의 품

에서 영원한 기쁨과 행복을 느끼면서 살았다. 누가 복된 자이고 누가 불쌍한 자인가?

지옥의 무서움

누가복음 16장 19-31절의 비유에서 예수님께서는 지옥의 무서움을 강조하신다. 어떤 사람에게는 천국의 아름다움보다 지옥의 무서움을 강조하는 것이 더 정신이 번쩍 들게 하는 경우가 있기 때문이다. 많은 사람들은 자신의 논리를 앞세워 지옥같은 곳이 없을 것이라고 생각한다. 사랑의 본체이신 하나님께서 사람에게 영원한 형벌의 장소인 지옥을 만드실 리 없을 것이라고 생각한다. 하지만 중요한 것은 지옥이 사람을 벌주기 위해 만들어진 곳이 아니라는 사실이다. 하나님은 사람들을 위해서 천국을 만드셨다. 지옥은 마귀를 심판하시기 위해서 만드신 곳이다.

"또 왼편에 있는 자들에게 이르시되 저주를 받은 자들아 나를 떠나 마귀와 그 사자들을 위하여 예비된 영영한 불에 들어가라"(마25:41).

마귀를 심판하기 위해서 만든 곳인 지옥에, 하나님을 따르지 않고 마귀를 따라가던 사람들이 마귀와 함께 지옥에 빠지는 것이다.

가장 큰 죄

혹자는 공의로우신 하나님께서 잠시 지은 죄 때문에 영원한 형벌을 내리시는 것은 공의롭지 못한 것이라고 말한다. 그러나 범죄를 짓는 데 들어간 시간과 형벌이 비례하는 것은 아니다.

여기 한 살인자가 있다. 살인하는 데 시간이 얼마나 걸릴까? 십 분? 한 시간? 일 분, 오 분밖에 안 걸릴 수도 있다. 그러나 그가 받는 형벌은 종신형이 될 수도 있고 그보다 더 큰 벌이 될 수도 있다. 죄를 지은 시간은 문제가 아니다. 죄의 성격이 문제인 것이다.

죄 중에서 제일 큰 죄는 무엇일까? 옛날에는 반역죄였다. 대역죄인, 즉 반역죄를 지은 사람은 삼족이 다 멸함을 받았다. 요즘에도 국가 반역죄는 제일 큰 죄로 취급된다. 이와 같이 하나님께 반역하는 것, 그것이 가장 큰 죄이다.

"이 초가 다 타기 전에 항복하라"

옛날에 색슨이라는 나라가 있었다. 임금에게 반역을 한 그 성을 임금이 군사들을 이끌고 와서 진압을 했다. 많은 사람들이 진압군을 피해 산으로 도망쳤다. 그 때 자비로운 색슨 왕이 성 위 높은 곳에 큰 촛불을 켜 놓고 반역자들을 향해 선포했다.

"이 초가 다 타기 전에 성 안으로 항복하고 돌아오는 자는 용서해 주겠다. 그러나 이 초가 다 탈 때까지도 계속 산에 머물러 있는 자는 다 심판하리라."

용서를 거부하는 것, 그것은 곧 반역죄나 마찬가지다. '그냥' 있으면 '그냥' 죽는 것이다. 따라서 돌이켜야 한다. 회개해야 한다. 태어난 그대로의 모든 인간은 하나님께 반역한 상태이다. 그러므로 그 자리 그대로 있으면 반역죄를 짓는 것이다. 하나님의 용서를 거부하는 죄를 범한 자인 것이다. 복잡하게 생각할 필요는 없다. 예수님께서는 지옥이 있다고 말씀하셨다. 사랑의 주님께서 지옥이 있다고 말씀하셨다. 그러므로 우리는 깨끗한 마음으로 지옥이 있음을 믿고 그곳에 떨어지지 않도록 살아야 한다. 내 사랑하는 가족, 내 사랑하는 친척, 내 사랑하는 친구가 지옥에 떨어지지 않도록 그들을 주님 앞으로 인도해야 한다.

지옥, 영원한 형벌의 장소

그럼 지옥은 어떤 곳일까? 지옥은 영원한 형벌의 장소이다. 요한계시록 20장 10절에 지옥에 대한 묘사가 나온다.

"또 저희를 미혹하는 마귀가 불과 유황 못에 던지우니 거기는 그 짐승과 거짓 선지자도 있어 세세토록 밤낮 괴로움을 받으리라"(계 20:10).

지옥은 세세토록 밤낮 괴로움을 당하는 형벌의 장소이다. 불 못 혹은 불과 유황의 못이라고 표현되어 있다. 뜨거움이 있고 고민이 있다. 생명과 기쁨과 행복의 원천인 하나님께로부터 단절된 상태에 있기 때문에 사망이라 표현하기도 한다. 너무나도 끔찍하기 때문에 어떤 대가를 치르더라도 여기에 빠지는 것만은 면해야 한다. 그래서 주님께서는 마가복음 9장 47-49절에서 이렇게 말씀하셨다.

"만일 네 눈이 너를 범죄케 하거든 빼어버리라 한 눈으로 하나님의 나라에 들어가는 것이 두 눈을 가지고 지옥에 던지

우는 것보다 나으니라 거기는 구더기도 죽지 않고 불도 꺼지지 아니하느니라 사람마다 불로서 소금 치듯함을 받으리라"(막 3:47-49).

이 땅에서 인간이 내리는 형벌은 죽음이 끝이다. 사형보다 더 무거운 형벌은 없다. 그러나 지옥의 형벌은 끝이 없다. 구더기도 죽지 않는다고 했다. 영원한 고통이 지속되는 곳이 바로 지옥이다. 더 중요한 것은 지옥에 한번 빠지면 다시는 거기에서 나올 수가 없다는 것이다.

"이뿐 아니라 너희와 우리 사이에 큰 구렁이 끼어 있어 여기서 너희에게 건너가고자 하되 할 수 없고 거기서 우리에게 건너 올 수도 없게 하였느니라"(눅 16:26).

지옥에 빠지지 않도록 애를 써야지, 일단 지옥에 빠지면 거기서 다시는 나올 수 없다는 것이다. 다시는 운명의 변화가 불가능하다. 그래서 단테는 『신곡』에서 지옥의 입구에는 "이곳에 들어오는 사람은 모든 희망을 버리라."고 쓰여 있다고 말한다. 지옥에 들어간 이후에는 더이상 회개의 기회가 없다. 그러므로 살아있을 때, 죽기 전에 지옥을 피할 길을 찾아야 하는 것이다.

지옥, 뜨거운 불 못

2002년 1월 29일, 군산 유흥가에서 화재가 났다. 보도를 통해 열두 명이 사망하고 세 명이 중화상을 입었다는 기사를 접하고 사망자 명단을 보는데, 사상자들 나이가 대략 스물두 살에서 스물여덟 살이었다.

이 사건을 접하고 나는 두 가지를 생각했다. '사람은 언제든지 죽을 수 있는 존재구나.', '이십 대, 그 꽃다운 기운이 용솟음치는 그때도 한순간에 죽을 수 있는 것이 인간이구나.' 하는 것이었다. 다른 하나는 지옥에 대한 것이었다. 지옥이 얼마나 끔찍할까 다시 한 번 생각해보는 계기가 되었다.

당신이 만약 그 화재 현장에 있었다면 어떠했겠는가? 뜨거운 불길이 치솟고 독가스가 뿜어지는 그 속에서 당신이라면 얼마나 견딜 수 있었겠는가?

그런데 그 현장에서 죽을 수도 없고, 그 뜨거운 불길과 독가스 속에서 열 시간을 있어야 한다면, 아니 열 시간이 아니고 열흘 있어야 한다면, 열흘이 아니고 십 년을 그 속에서 지내야 한다면, 십 년이 아니고 백 년, 백 년이 아니고 천 년, 천

년이 아니고 만 년, 만 년이 아니고 영원히 있어야 한다
면……. 뜨거운 불길 속에서 당해야하는 끝없는 고통을 당신
은 견딜 수 있겠는가? 지옥은 바로 그런 곳이다.

성경은 지옥을 불 못, 유황 못이라 말하고 있다. 밤낮 세
세토록 고통을 받는 장소가 바로 지옥이다. 성경에서 '멸망당
한다'고 할 때 그것은 결코 육체적 죽음을 의미하지 않는다.
우리 모두는 누구나 육체적으로 한번은 죽게 된다. 죽음 이후
에 심판받아 영원한 지옥 불에서 형벌을 받는 것, 이것을 성경
은 멸망이라 말한다. 이 세상에서 조금 불편하고 조금 고생하
며 사는 것에 우리는 자유로워야 한다. 잘 견디고, 지옥만은
피해야 한다. 어떠한 일이 있어도 지옥만은 피해야 한다. 지옥
에 갈 확률이 단 일 퍼센트라도 그것은 제거되어야 한다.

단 일 퍼센트도 안 된다

당신이 지금 당장 죽는다면 지옥 갈 확률이 몇 퍼센트 정
도 된다고 생각하는가? 질문을 바꿔 보자. 지금 당장 죽는다
면 천국에 갈 확신이 있는가? 몇 퍼센트 정도 확신하는가? 구
십 퍼센트라고 해도 지옥에 갈 확률은 십 퍼센트가 된다. 천국
에 갈 확신이 구십오 퍼센트 정도라면 지옥에 갈 확률은 오 퍼

센트다.

여기 아주 맛있는 음식이 있다. 이 음식을 먹고 죽을 확률이 오 퍼센트밖에 안된다. 당신이라면 그 음식을 먹을 수 있는가? 일전에 한국을 방문한 미국에서 오신 목사님과 함께 식사를 할 때였다.

"한국은 복요리가 맛있습니다. 제가 복요리 잘 하는 데를 압니다."

"아이고, 나 안 갈래요."

"왜요, 맛있는데……."

"아, 그거 먹다 죽으면 어떡해요."

복요리를 먹다가 죽을 확률은 몇 퍼센트일까? 천분의 일, 아니 만분의 일도 안 된다고 한다. 그러나 그 만분의 일도 안 되는 가능성 때문에 복요리를 먹지 않는 사람이 있다.

많은 현대인들이 보험을 든다. 화재 보험, 자동차 보험 등 그 종류도 다양하다. 그러나 사실상 각종 사고를 당할 확률은 몇 퍼센트 되지 않는다. 그럼에도 불구하고 많은 사람들이 꼬박꼬박 보험료를 내면서 만일의 경우를 대비한다. 그런 사람이 지옥에 갈 확률 십 퍼센트, 오 퍼센트를 남겨두고 그냥 산다는 것, 얼마나 지혜롭지 못한 태도인가?

어떻게 하든 지옥은 면해야 한다. 그럼 어떻게 해야 지옥을 면할 수 있겠는가? 어떤 사람들은 이렇게 말한다.

"이제부터 기도를 좀 더 많이 하죠. 술, 담배 끊고 거짓말 하지 않고 선하게 살도록 노력할 겁니다."

하지만 그것은 지옥을 피하는 '방법'이 아니다.

천국과 지옥, 선택은 하나다

그럼 지옥에 가지 않으려면 어떻게 해야 할까? 지옥에 안 가려면 천국에 가야 한다. 간혹 "천국 안 가면 될 거 아니야!" 라고 말하는 사람이 있는데, 천국은 안 가면 되는 게 아니다. 천국에 안 가면 지옥에 가야 하기 때문이다. 우리는 우리를 천국에 보내주시는 하나님께 감사드려야 하지만 동시에 지옥에 보내시지 않는 하나님께 감사드려야 한다. 죽으면 심판을 받게 되고, 심판 받을 때 우리가 갈 곳은 천국과 지옥, 둘 밖에 없다. 입학시험을 치루면 합격과 불합격 외에 다른 선택의 여지가 없듯 죽음 이후 우리가 갈 곳도 마찬가지다. 대학 입시에는 재수(再修)가 있지만 안타깝게도 인생에는 재수가 없다. 한 번 사는 인생, 진지하게 살아야 하는 이유가 여기에 있다. 인생은 장난이 아니다. 잘못 살면 영원한 지옥의 형벌을 피할 수 없기 때문이다.

혹자는 "큰 죄를 지은 사람은 지옥에 가지만, 작은 죄를 지은 사람은 천국에 갈 수 있지 않겠습니까?"라고 말한다. 그러나 이 얘기는, 큰 돌멩이는 물에 빠지고 작은 돌멩이는 물에 빠지지 않을 거라고 주장하는 것과 같다. 크든 작든 돌멩이는 물에 빠지게 되어 있다. 돌멩이가 물에 빠지지 않기 위해서는 배 안에 있어야 한다. 그러므로 돌멩이가 물에 빠지느냐 빠지지 않느냐는 이 돌멩이가 배 안에 있느냐 배 밖에 있느냐에 따라서 결정되는 것이다. 돌멩이가 큰가 작은가는 별로 중요하지 않다.

물속에 떨어진 돌멩이는 중력의 법칙에 의해서 물에 빠지지만, 배 안에 있는 돌멩이는 부력의 법칙에 의해 빠지지 않는다. 마찬가지로 죄와 사망의 법칙을 따르면 죄 지은 자는 다 지옥에 빠질 수밖에 없다. 그러나 예수 그리스도를 믿고 예수님께서 십자가에서 우리를 위해 대신 벌을 받으셨다는 사실을 믿는 자는 생명과 성령의 법으로 용서를 받을 수 있다. 지옥을 면하고 천국에 가려면 예수를 믿어야 한다. 죄를 안 지어서 천국 갈 수 있는 사람은 아무도 없다.

모든 사람이 죄를 지었기에

요한계시록에는 지옥에 가는 죄의 목록을 이렇게 기록하고 있다.

"그러나 두려워하는 자들과 믿지 아니하는 자들과 흉악한 자들과 살인자들과 행음자들과 술객들과 우상 숭배자들과 모든 거짓말하는 자들은 불과 유황으로 타는 못에 참예하리니 이것이 둘째 사망이라"(계 21:8).

당신은, 여기에 해당되는 죄가 없는가? 우상 숭배나 살인에는 해당되지 않는다고 해도 거짓말로부터 자유로운 사람이 어디 있겠는가? 그러므로 '죄를 짓지 않았다.' 거나 '나는 지옥을 면하고 천국에 가겠지.' 라고 생각하는 사람은 어리석은 사람이다. 불꽃같은 눈동자로 마음속까지 꿰뚫어 보시는 하나님 앞에서 어느 누가 의롭다고 주장하며 바로 설 수 있겠는가?

모든 사람들이 다 죄를 지었다. 그러므로 다 지옥에 떨어져야 마땅하다. 나의 행위로는 아무런 소망이 없다. 그러나 한 가지 소망은 있다. 죄를 용서받는 길이 열려 있기 때문이다. 바로 십자가의 길이다. 이를 믿고 죄를 용서받으면 거짓말을 한 번도 안 한 사람으로 회복되는 것이다. 주님께서 죄가 하나도 없는, 눈처럼 정결한 자로 만들어 주시겠다고 하셨다.

그러므로 사람들이 지옥에 떨어지는 심판을 받는 것은 죄를 지었기 때문이 아니라 용서를 받지 못했기 때문이다. 용서받기 위해서는 지금 회개하는 것이 중요하다.

지금 회개하는 것이 중요하다

지금 회개하고 예수를 믿으면 된다. 여기서 두 가지가 중요하다. '지금'이 중요하며 '회개'가 중요하다. 예수님께서 "때가 찼고 하나님의 나라가 가까웠으니 회개하고 복음을 믿으라"(막 1:15)고 하셨다. 많은 사람들이 회개 없이 예수님을 믿고 싶다고 생각한다. 죄는 여전히 갖고 있으면서 '예수 믿고 천국 갈 수 있는 방법은 없나?' 하고 생각한다. 그러나 천국과 지옥에 양다리를 걸치는 삶은 불가능하다. 끊어버려야 한다. 죄는 끊어버리고, 세상을 향한 욕심도 끊어버리고, 회개해야 예수를 믿을 수 있는 것이다.

샘 모어라는 미국의 큰 출판사의 사장이 다음과 같은 간증을 한 적이 있다. 원래 이 사람은 수리아 사람이었는데, 젊을 때 기독교 학교에 들어가서 예수를 알게 되었다. 그러나

'지금부터 예수를 철두철미하게 믿기에는 인생이 너무 아깝다.' 는 생각이 들었다. 아직 젊은데 벌써부터 예수 믿고 구속될 필요가 있겠는가, 좀 자유롭게 인생을 즐기다가 나이 든 다음에 예수를 믿으면 좋겠다고 생각했다. 그리고 친구들과 어울려 방탕한 삶을 살며 넓은 길을 걷고 있었다.

그에게 한 친구가 있었는데, 그는 약혼자가 있으면서도 다른 여자와 사귀고 있었다. 샘 모어가 친구를 나무라자 그는 "정리해야지. 나도 언젠가 회개하고 새 사람이 되어서 아름다운 가정을 이루고 살 거야. 그런데 지금 내가 사귀고 있는 이 여자가 너무너무 매력적이거든! 조금만 더 즐기다가 나중에 회개할거야."라고 대답했다. 그런데 어느 날, 샘 모어의 친구와 그의 약혼녀가 심하게 다투었다. 급기야 샘 모어가 보는 앞에서 이 친구의 약혼자가 품에서 총을 꺼내 남자를 향해서 쐈다. 친구는 그 자리에서 즉사하고 말았다.

샘 모어는 그 모습을 보고, 조금만 더 즐기다가 나중에 회개하겠다고 말했던 친구의 말이 떠올랐다. 그러나 그에게는 회개할 기회가 주어지지 않았던 것이다. 그 순간 정신이 번쩍 들었다. 자신에게도 회개의 기회가 주어지지 않을 수 있다는 생각이 들었다. 자신도 언제 죽을지 모르겠다는 생각이 들었다. 그래서 이래선 안 되겠구나 싶어 그 밤에 회개하고 새로운 삶을 살기로 결단했다. 그는 나중에 훌륭한 평신도 지도자가 되었다.

미지근한 것은 불합격!

지금 결단해야 한다. 내일로 미루어서는 안 된다. "뭘 그렇게 서둘러? 천천히 믿으라구!"하는 것은 사탄의 전략이다. 믿지 않는 사람들에 대한 전도를 늦추는 일도 마찬가지다. 사탄은 차차, 차차, 하다가 아차! 하고 지옥에 빠지게 만드는 전술을 가장 즐긴다.

어느 대학의 교목이 교정에서 한 학생과 이야기를 나누고 있었다.

"자네 어느 교회 다니나?"

"예, 아직 등록한 교회는 없습니다."

"예수를 믿으려면 제대로 믿어야지, 왜 등록을 안 하나?"

"등록해 보니까 왜 결석했느냐, 교사 해라, 성가대 하자

하고 귀찮게 굴어서 그냥 등록 안하고 편하게 이 교회 저 교회 생각날 때마다 가끔씩 다닙니다."

"아니 여보게, 신앙생활을 진지하게 해야지! 열심히 믿어야지, 왜 그렇게 하나?"

"목사님, 저는 천국 가서 그렇게 큰 상 안 받아도 좋습니다. 천국 가는 걸로 만족합니다. 그러니 죽기 전에만 회개하면 되지 않겠습니까? 성경에 보니까 예수님이 십자가에 못 박힐 때 한 쪽 편 강도는 죽기 전에 회개하고 예수 믿고 천국 가지 않았습니까?"

학생의 이 대답에 대학 교목이 말했다.

"자네 말이 맞네. 천국만 가고 싶으면 죽기 전에만 회개해도 되지, 그런데 그때가 바로 지금이 아니라고 누가 장담할 수 있겠는가?"

9.11테러로 사망한 사람들이, 테러가 있기 10분 전 그런 일이 있을 상상이나 했겠는가? 성수대교가 무너지고 삼풍백화점이 무너지기 10분 전에 자신이 죽으리라는 것을 예상한

사망자가 있었겠는가? 밤중에 자다가 불이 나면 언제 죽는지도 모르고 그냥 죽는다.

교통사고는 순간에 산 사람을 사자(死者)로 만든다. 회개의 기회가 늘 있는 게 아니다. 그러므로 회개하려면 '지금' 해야 한다. 전도할 수 있는 기회도 항상 있는 게 아니다. 전도하려면 지금 해야 한다. 기억하라. 미지근한 것은 불합격이다.

교회 다니면서 지옥 가는 사람

"네가 이같이 미지근하여 더웁지도 아니하고 차지도 아니하니 내 입에서 너를 토하여 내치리라 네가 말하기를 나는 부자라 부요하여 부족한 것이 없다 하나 네 곤고한 것과 가련한 것과 가난한 것과 눈 먼것과 벌거벗은 것을 알지 못하도다 내가 너를 권하노니 내게서 불로 연단한 금을 사서 부요하게 하고 흰 옷을 사서 입어 벌거벗은 수치를 보이지 않게 하고 안약을 사서 눈에 발라 보게 하라 무릇 내가 사랑하는 자를 책망하여 징계하노니 그러므로 네가 열심을 내라 회개하라"(계 3:16-19).

열심을 내야 한다. 회개해야 한다. 천국과 지옥의 접경지대에서, 신앙과 비신앙의 회색지대에서 서성거리지 말라. 과감히 끊어버리고 주님 앞으로 돌아서야 한다. 죄 된 삶을 분명히 청산하고 깨끗한 삶을 살면서 천국과 지옥을 믿는 자가 어떻게 사는지를 내 가족과 친척과 친구에게 보여줘야 한다. 우리 삶이 희미하고 미적지근하면 전도가 안 된다.

가장 불쌍한 사람이 누구겠는가? 지옥에 가는 사람이다. 가장 어리석고 불쌍한 사람이 누구인가? 교회 다니면서 지옥에 가는 사람이다. 제일 억울하고 불쌍한 사람은 누구인가? 믿는 사람을 가족으로 친구나 친척으로 두고도 지옥에 가는 사람이다.

내가 바로 믿지 못하면 내가 가장 불쌍한 사람이 될 수밖에 없고 내가 바로 전도하지 못하면 내 가족, 내 친척, 내 친구가 가장 불쌍한 사람이 될 수밖에 없다.

이제 결단을 내릴 차례다. 틀림없이 천국과 지옥은 있다. 지옥을 면하기 위해서 정신을 똑바로 차리고 열심을 내어서 믿으라. 그리고 사랑하는 내 가족과 친구와 친척을 전도하기 위해 더 열심히 기도하고 더 힘쓰라.

바로 그 때, 나 때문에 내 가족과 친척과 친구가 가장 불쌍한 자에서 가장 행복한 자로 바뀌는 놀라운 축복이 있게 될 것이다.

2장

구원받을 자격이 없는 자

너희는 마음에 근심하지 말라 하나님을 믿으니 또 나를 믿으라 내 아버지 집에 거할 곳이 많도다 그렇지 않으면 너희에게 일렀으리라 내가 너희를 위하여 처소를 예비하러 가노니 가서 너희를 위하여 처소를 예비하면 내가 다시 와서 너희를 내게로 영접하여 나 있는 곳에 너희도 있게 하리라 내가 가는 곳에 그 길을 너희가 알리라 도마가 가로되 주여 어디로 가시는지 우리가 알지 못하거늘 그 길을 어찌 알겠삽나이까 예수께서 가라사대 내가 곧 길이요 진리요 생명이니 나로 말미암지 않고는 아버지께로 올 자가 없느니라(요 14:1-6)

그 성곽은 벽옥으로 쌓였고 그 성은 정금인데 맑은 유리 같더라 그 성의 성곽의 기초석은 각색 보석으로 꾸몄는데 첫째 기초석은 벽옥이요 둘째는 남보석이요 셋째는 옥수요 넷째는 녹보석이요 … 만국이 그 빛 가운데로 다니고 땅의 왕들이 자기 영광을 가지고 그리로 들어오리라 성문들을 낮에 도무지 닫지 아니하리니 거기는 밤이 없음이라 사람들이 만국의 영광과 존귀를 가지고 그리로 들어오겠고 무엇이든지 속된 것이나 가증한 일 또는 거짓말 하는 자는 결코 그리로 들어오지 못하되 오직 어린 양의 생명책에 기록된 자들뿐이라(계 21:18-27).

고향의 봄

어릴 때 손꼽아 설날을 기다린 적이 있다. '세 밤 남았다. 두 밤 남았다. 오늘밤만 자면 된다.' 많은 사람이 그런 경험이 있을 것이다. 어린 아이들이 그렇게 설날을 기다리는 건, 맛있는 음식을 마음껏 먹을 수 있고, 설빔을 입을 수 있고, 세뱃돈을 받을 수 있기 때문이다. 어린 아이들에게는 이유가 충분하다. 그러면 어른이 된 지금에도 설날을 기다리는 이유는 무엇일까? 그리운 고향에 갈 수 있기 때문이고, 부모님을 만날 수 있기 때문일 것이다.

고향에 가지 못하고 타향에서 명절을 맞이한다는 것은 참 쓸쓸한 일이다. 유학시절 육 개월 정도 설교 목사를 한 적이 있었다. 그 교회에는 고국을 떠나온 지 이십 년, 삼십 년 된 교인들이 많았다. 평소에는 고국을 그리워할 틈도 없이 바삐 살던 그들이 명절이 되면 고향 생각에 함께 모여서 찬송가처럼 부르는 노래가 하나 있었다. 바로 "고향의 봄"이다. '나의 살던 고향은 꽃피는 산골, 복숭아꽃 살구꽃 아기진달래…….' 이쯤 되면 벌써 모두들 두 눈에 눈물이 줄줄 흘렀다. "고향의 봄"을 여기서 부르는 것과, 타국에서 부르는 것은 느낌이 매우 다르다.

고국에 땅을 준비하는 사람들

해외에서 생활하는 사람 가운데 두 종류의 사람이 있다. 하나는 '내가 언젠가는 고국에 돌아가리라.' 하는 마음으로 사는 사람이고 다른 하나는 '그냥 여기서 뿌리박고 살겠다.' 고 자신하는 사람이다. 그런데 고향에 돌아가겠다고 생각하며 생활하는 사람들은 생활하는 것이 조금 다르다. 아이들이 혹 한국말을 잊어버리면 큰일 날 듯이 우리말을 가르치는 데 열심이다. 그들은 한국 예절과 문화에 대해서도 열심히 가르친다. 그리고 혹 여유 자금이 생기면 외국에 땅을 사는 대신, 본국으로 돈을 보내서 고국에 땅을 마련해 둔다.

이렇게 잘 준비한 사람들은 언젠가는 고국에 와서 노후를 보내게 된다. 그런데 준비하지 않고 막연하게 지낸 사람들은 나이가 들고 굉장히 고향이 그리워서 가고 싶어도 고향에 대한 그리움만 갖고 살 뿐이다. 준비가 덜 되었기 때문에 그들에게는 돌아올 곳이 없다. 그들은 가고 싶지만 가지도 못하고, 그저 고국을 그리워하며 노후를 보내게 된다.

고향은 '아버지의 집'

우리 모두는 고향땅에서 살고 있는 행운아들이다. 그럼 우리는 이곳에서 영원히 살 수 있는 것일까? 여기가 우리의 고향이겠는가? 고향의 정의를 '내 아버지 집'이라고 본다면, 여기서 아버지는 누구인가? 아버지는 내게 생명을 부여해 주신 분이다. 생명을 부여한 자가 아버지라면 진정으로 내게 생명을 부여해 주신 분은 누구인가? 물론 육신의 아버지를 통해서 내가 이 세상에 태어났지만 엄밀히 따지자면 육신의 아버지는 생명의 통로에 불과하다. 내게 생명을 주신 분은 육신의 아버지가 아니다. 내게 생명을 주신 분은 하나님이시다. 그런 의미에서 하나님만이 나의 진정한 아버지가 되시는 것이다.

또한 그런 의미에서 우리의 진정한 고향은 이곳이 아니라 하나님 아버지가 계신 천국이다. 그래서 베드로전서에서는 "나그네와 행인같은 너희들을 권한다"고 표현하고 있다. 우리 모두는 이 땅에서 나그네와 행인이라는 것이다. 우리 모두는 천국을 향하여 가는 존재들이다. 언젠가는 천국에 가야 한다. 그곳이 우리가 영원히 살 곳이다. 이곳은 잠시 지나는 여정에 불과한 것이다.

이 세상은 천국의 여정 속에 있는 다리

초대교회부터 내려오던 이야기 중 성경에 기록되어 있지 않은 예수님의 말씀이 있다.

"이 세상은 다리다. 지혜로운 사람은 다리에 집을 짓지 않고 그냥 통과한다."

이 세상은 천국을 향하여 가는 여정 속에 있는 다리와 같은 곳이라는 것이다. 이곳에 모든 것을 투자하고 이곳에 집을 짓는 사람은 참으로 어리석기 그지없는 사람이다. 천국을 사모하는 자는 여기에 살지만 여기에 마음을 빼앗기지는 않는다. 어떤 인생을 성공했다고 하는가? 세상에서 부귀와 영화를 누리며 잘 살면 그것이 성공일까? 그러나 고향집에 당도하지 못한 채 하는 여행은 실패일 수밖에 없다.

로마의 24대 황제인 세리우스 알렉산더는 자기의 생명이 얼마 남지 않은 그 시간에 다음과 같이 고백했다.

"나는 모든 것이었지만 이 모든 것이 이제 보니 아무것도 아니구나."

그는 로마의 황제였다. 세상 모든 것이 다 자기 것이었다. 그야말로 황제는 모든 것이었다. 그러나 죽음을 눈앞에 둔 황제에게 그 지위, 그 권세가 무슨 의미가 있겠는가? 모든 것이었지만 죽음의 순간에 그 모든 것은 아무것도 아니더란 것이다.

나는 천국에 들어갈 자격이 있는가

이제 우리는 어디에 우리의 마음을 두어야 하는가? 우리가 천국에 궁극적인 관심을 갖고 산다면, 우리의 첫 번째 관심은 '나는 과연 천국에 들어갈 자격이 있는가' 하는 것이다. 천국은 '내 아버지 집'이다. 하나님이 내 아버지 된 사람만 천국에 들어갈 수 있다. 천국은 '공원'이 아니다. 공원은 오고 싶어

하는 사람이면 누구나 왔다가 갈 수 있지만, 아버지 집은 자녀만이 들어갈 수 있는 곳이다. 아무나 들어가 머물 수 있는 곳이 아니다. 우리가 하나님의 자녀가 되지 못한다면 천국이 있어도 들어갈 수 없는 것이다.

예수님께서는 우리를 위해 천국을 마련해 주시려고 이 땅에 오셨다. 우리에게 천국에 들어갈 자격을 주시기 위해서 이 땅에 오신 것이다.

"영접하는 자 곧 그 이름을 믿는 자들에게는 하나님의 자녀가 되는 권세를 주셨으니"(요 1:12).

바로 하나님의 자녀가 되는 권세를 주시기 위해서 예수님께서 이 땅에 오시고 우리 대신 죽어 주신 것이다. 이것이 가장 중요한 일이다.

천국에 들어가는 유일한 길

"해리포터와 마법사의 돌"이라는 영화가 많은 사람들에게 인기를 끌었던 적이 있다. 전 세계적으로 아주 유명한 영화라고 해서 한번 보고 싶기에 극장에 갔었다. 그런데 거기서 우리 교회 집사님을 만났다.

"아이고, 목사님 웬일이십니까?"

"저도 영화 보러 왔지요."

집사님은 대접하시겠다고 얼른 팝콘을 한 봉지 사다가 갖다 주셨다.

"그런데 목사님 예매하셨어요?"

"아니요, 저는 예매 못했는데 집사님은 하셨어요?"

"예, 저는 예매했는데요."

그리고 표를 사러 가보니 벌써 저녁 것까지 다 매진되어 있었다. 어쩌겠는가. 어쩔 수 없이 쓸쓸히 팝콘을 먹으면서 극장을 나올 수밖에 없었다. 그리고 속으로 생각했다.

'집사님은 보는 영화를 목사가 못 보는구나.'

이유가 무엇인가? 예매를 안 했기 때문이다. 영화를 보는데 집사, 목사가 무슨 차이가 있는가. 아무 상관없는 것이다. 부자와 가난한 사람, 악한 사람과 착한 사람, 아무런 구분이 없다. 기준이 무엇인가? 표가 있느냐 없느냐, 그것으로 결정되는 것이다.

천국도 이와 같다. 천국엔 어떤 사람이 들어가는가? 착한 사람, 돈 많은 사람, 공부 많이 한 사람이 들어가는가? 그렇지 않다. 착하든 악하든, 돈이 많든 적든, 공부를 많이 했든 적게 했든 그것은 전혀 상관이 없다.

천국에 들어가기 위해서는 예수 그리스도를 믿느냐, 믿지 않느냐 그것만이 중요하다. 예수님께서는 "내가 곧 길이요 진리요 생명이니 나로 말미암지 않고는 아버지께로 올 자가 없느니라"(요 14:6)고 하셨다. 그러므로 당신이 천국에 들어가기를 원한다면 '길이요 진리요 생명 되신 예수님을 나의 구주로 내가 영접했는가'를 거듭거듭 확인해야 한다. 예수 그리스도를 당신의 구주로 영접하였는가?

믿는 자에게 주시는 하나님의 선물

예수를 구주로 영접하는 것은 우리의 노력이나 공로로 되는 것이 아니다. 예수를 믿고 구원을 얻는 것은 하나님께서 주시는 선물이다. 선물은 값을 치루지 않고도 내 것이 된다. 선물을 주는 사람이 값을 치뤘기 때문이다. 그러나 이 선물의 값을 치뤘다고 해서 자동적으로 내 것이 되는 것은 아니다. 상대방이 나에게 주기 위해서 값을 치뤘다고 해도 내가 이것을 거절하면 이것은 내 것이 될 수 없다. 내가 그것을 받아야 한다. 그래서 조건이 없으면서도 조건이 있다고 말한다. 그를 믿으면 멸망치 않고 생명을 얻는다. 선한가 악한가, 부자인가 가난한가에 상관없다는 의미에서는 조건이 없다. 그러나 그를 믿어야만 구원을 얻는다는 측면에서는 조건이 있다.

이에 관해 요한복음 3장에서는 다음과 같이 설명하고 있다. 이스라엘 백성은 광야 길을 갈 때 길이 험하다고 하나님께 원망하고 불평했다. 애굽 바로의 손에서 건져준 큰 사랑은 잊어버리고 길이 조금 험하다고 불평하자, 하나님께선 진노하셔서 불뱀을 보내셨다. 불뱀에 물려서 죽게 되었을 때 그들은 잘못했으니 용서해 달라고 하나님께 기도했다. 그 때 하나님께선 용서해 주시고 그 용서의 표로 놋뱀을 만들게 했다. 놋뱀을 만들어서 장대 끝에 높이 달아 올렸다. 그리고 뱀에게 물린 자에게 놋뱀을 바라보라고 하셨다. 이 놋뱀을 바라보는 자는 다 구원해 주셨다. 이 때 선한 사람이냐, 악한 사람이냐, 부자냐, 가난한 사람이냐, 공부를 많이 했냐, 적게 했냐 등등의 조건은 상관없었다.

하나님이 제시하신 조건은 놋뱀을 바라보라는 것이었다. 약을 바르느냐, 안 바르느냐는 문제가 아니었다. 놋뱀을 바라보는 자는 나았고 놋뱀을 바라보지 않은 자는 죽었다. 하나님의 용서를 믿는 자는 놋뱀을 바라보았다. 하나님이 "그래, 용서해주마. 놋뱀을 바라보아라." 할 때 그 사실을 믿지 않는 자는 죽었다. 어떤 사람은 틀림없이 믿었고, 어떤 사람은 감격해서 눈물을 철철 흘리면서 놋뱀을 바라보았을 것이다. 또 어떤 사람은 '정말 나을까? 정말 용서해 주실까?' 반신반의하면서 보았을 것이다. 의심이 있음에도 불구하고 본 사람은 믿음이 있는 사람이다. '나을까? 사실일까?' 망설이다가 사십구 퍼센트까지 믿었는데 오십 퍼센트를 넘지 못하고 보지 않은 사람은 죽었다.

선물을 받는 데 자격은 필요 없다

예수 그리스도가 십자가에 높이 달리셨다. 예수님이 십자가에 달리신 것은 나 때문이다. 내 죄를 대신 지시고 십자가에 못 박히셨다. 이 사실을 믿는 사람은 구원을 얻는다. 믿는다는 것은 무엇을 의미하는가? 하나님이 주신 선물을 받아들인다는 것이다. 당신은 선물 준다고 다 받는가? 낯선 사람이 예쁜 상자에 포장한 선물을 준다고 덥석 받을 수 있겠는가? 얼마 전에 탄저균 테러 사건이 있었다. 소포가 왔다고 반가워 뜯었는데 그 속에 탄저균이 들어있다면 어떻게 하겠는가? 믿지 못하는 사람에게서는 아무것도 받을 수가 없다. 믿어야 받을 수 있다. 우리가 어떤 사람을 믿으려면, 어떤 대상을 믿으려면 그 대상에 대해 어느 정도는 정보를 갖고 있어야 한다. 아무것도 모르는 사람이 내게 주는 것을 덥석 받을 수는 없지 않겠는가? 정보가 필요하다.

정보를 가지려면 그 사람에 대해 들어야 한다. 당신이 예수님을 믿으려면 예수님에 대해서 들어야 한다. 하나님에 대해서 들어야 한다. 예수님에 대한 지식, 하나님에 대한 지식, 십자가에 대한 지식이 없이는 예수를 믿을 수가 없다. 그런데 감사한 것은 이 책을 읽고 있는 당신은 이미 예수를 믿기에 충분한 정보를 들었다는 것이다. 지금까지 읽은 내용만 가지고도 예수를 믿기에 충분하다. 이제 남은 것은 이 사실을 믿을 것이냐 믿지 않을 것이냐, 하나님이 주신 선물을 받을 것인가 받지 않을 것인가를 결정하는 것이다.

그런데 사람들은 이것을 받아들일 때 내가 정말 이 선물을 받을 자격이 있는가를 생각한다. 선물 받을 때 '나는 가난한데 이것을 받을 자격이 있을까.' 하는 생각을 할 필요가 있는가? 많은 사람이 값을 주고 구원을 사려고 한다. 내가 거룩해져서, 내가 깨끗해져서, 내가 선해져서 내 행위로 사려고 한다. 그렇기 때문에 구원의 확신에 이르지 못하는 것이다.

"우리 아버지는 주시는 분입니다"

지금으로부터 수백 년 전에 어느 마을에 홀어머니와 외아들이 있었다. 가난했지만 어머니가 있어서 아들은 행복했고 아들이 있어서 어머니는 행복했다. 그런데 어느 날 아들이 병에 걸려서 열이 펄펄 끓었다. 아들 앞에 앉아 있는 어머니에게 아들이 말했다.

"어머니! 포도가 먹고 싶습니다. 포도 한 송이만 먹으면 제가 벌떡 일어날 것 같습니다."

때는 겨울이었다. 요즘은 겨울에 포도를 구하는 것이 그리 어렵지 않지만 그 옛날에는 겨울에 포도를 구하는 것이 쉽지 않은 일이었다. 그렇지만 아들이 죽어가는 모습을 보고만 있을 수는 없었던 어머니는 무작정 집을 나섰다. 남쪽으로 한참을 가다 보니까 굉장히 큰 성이 하나 나타났다. 그 성의 담 안에 작은 온실이 하나 있고, 그 안에 포도가 있는 것이 보였다. '이제 우리 아들이 살았구나.' 하고 기뻐하며 들어가려는데 그 성을 지키던 문지기가 앞을 막았다.

"저의 아들이 죽어가고 있습니다. 저 포도가 필요합니다. 이 비녀를 줄 터이니 저 포도를 파십시오."

어머니는 남편이 사준 은비녀를 주며 문지기에게 애원했

다. 그러나 그 문지기는 냉정하게 말했다.

"저것은 파는 것이 아니오."

어머니는 속으로 생각했다.

'그래, 저렇게 귀한 포도를 은비녀 하나 가지고는 살 수 없겠지.'

그리고는 다시 집으로 돌아왔다. 이번엔 갖고 있는 귀한 것들을 다 팔아 꽤 많은 돈을 모아서 다시 찾아갔다. 그러나 문지기의 대답은 한결 같았다. 그 포도는 파는 것이 아니라는 것이다. 그러나 이번에는 어머니도 물러설 수가 없었다. 아들의 생명이 걸려 있기 때문이다. 팔아라, 파는 것이 아니다, 옥신각신하는데 "왜 이렇게 소란스러우냐."하는 소리가 안에서 들려왔다. 예쁘장한 소녀가 나왔는데, 알고 보니 그 집은 성주의 집이었고 그 여자 아이는 성주의 딸이었다.

문지기를 통해서 자초지정을 다 들은 이 소녀는 문지기에게 포도를 따오라고 했다. 문지기가 따온 포도를 어머니에게 주면서 성주의 딸은 이렇게 말했다.

"아주머니는 우리 아버지를 잘못 아셨습니다. 우리 아버지는 파시는 분이 아니고 주시는 분이십니다."

그리고는 선물로 그 포도를 주었다.

이 어머니가 그 포도를 끝까지 돈을 주고 사려 했다면 결코 살 수 없었을 것이다. 그러나 감사함으로 선물을 받을 때 그것은 어머니의 소유가 될 수 있었다. 구원에 있어서도 마찬가지이다. 더 거룩해져서, 더 선해져서, 당신의 행위로 구원을 이루려고 한다면 결단코 성공에 이르지 못한다.

중요한 것은 하나님의 선하심이다

감리교의 창시자인 존 웨슬리는 새벽 네 시에 일어났다. 그리고는 두 시간 동안 기도했다. 한 시간 동안 성경을 읽었다. 그리고 감옥으로, 병원으로 다니면서 수많은 사람에게 전도를 했다. 그러나 마음속에 분명한 구원의 확신이 없었다. 그렇게 노력하고 그렇게 선행을 했지만 구원을 얻었다는 확신이 없었다. 한번은 그가 구원에 관하여 고민하면서 올더스 게이트라는 거리에 있는 조그마한 교회에 가서 예배를 드릴 때였다. 한 평신도가 루터의 로마서 강해의 서문을 읽어주는 것을 들었다.

"참 믿음은 구원을 위해서 우리의 선행을 의지하는 것이 아니고 오직 그리스도께서 행하신 것을 신뢰하는 것입니다."

그 말씀을 듣는 순간 웨슬리의 마음 속에 있던 모든 의혹

이 사라졌다. 분명한 구원의 확신을 가질 수 있게 된 것이다.

당신의 행위는 아무것도 아니다. 당신은 구원받을 아무런 자격이 없다. 그렇기 때문에 하나님께서 우리에게 구원을 선물로 주셨다. 은혜란 무자격자에게 주어지는 하나님의 사랑이다. 이 은혜를 의지하고 우리를 위하여 예수님이 대신하여 치르신 그 대가를 생각해 보라. 당신과 내가 한 것, 그것이 중요한 것이 아니다. 하나님이 하신 일을 바라보아야 한다. 하나님은 바로 나를 위해서 인간의 몸을 입으시고 십자가에서 죽으셨다. 이 십자가를 통해서 우리에게 주어지는 영생의 선물을 받겠는가? 받지 않겠는가? 이것만 결정하면 된다.

천국의 아름다움

자, 그렇다면 이제 우리가 들어가야 할 천국이 어떠한 곳인지 한번 살펴보자. 천국은 얼마나 아름다운 곳일까? 한마디로 말하면 천국은 우리의 상상을 초월할 정도로 아름답고 존귀한 곳이다. 요한계시록 21장 18-21절에서는 이렇게 묘사하고 있다.

"그 성곽은 벽옥으로 쌓였고 그 성은 정금인데 맑은 유리 같더라 그 성의 성곽의 기초석은 각색 보석으로 꾸몄는데 첫째 기초석은 벽옥이요 둘째는 남보석이요 셋째는 옥수요 넷째는 녹보석이요 다섯째는 홍마노요 여섯째는 홍보석이요 일곱째는 황옥이요 여덟째는 녹옥이요 아홉째는 담황옥이요 열째는 비취옥이요 열한째는 청옥이요 열두째는 자정이라 그 열두 문은 열두 진주니 문마다 한 진주요 성의 길은 맑은 유리 같은 정금이더라"(계 21:18-21).

이 모습이 상상이 되는가? 나는 상상력이 부족해서 그런지 아무리 읽어도 얼마나 좋은지 상상이 안 된다. 여기 나온 보석들은 굉장히 값비싼, 이 세상에서 가장 귀한 보석들이다. 팥알만하거나, 콩알만한 반지를 끼고 그걸 자랑하고 싶어서 반지가 보이도록 손을 머리 위에 얹고는 "아이고 머리야……"하는 것과는 차원이 다르다. 그렇게 귀한 보석들을 기초석으로 깔고 온통 모든 성을 모든 집을 보석으로 지었다는 것은 상상이 잘 되지 않는다. 얼마 전에 서울의 어느 지역에서 이십사억 원짜리 아파트가 분양되어서 많은 사람들이 '우와, 굉장하다.' 라며 감탄했다고 한다. 바닥을 대리석으로 깔았지만, 그래봤자 시멘트와 돌로 지은 집이다. 그 집을 부러워할 필요가 없다.

주님께서 나를 위해 마련하신 처소, 천국에 있는 내 집은 가장 존귀한 보석으로 지어진 집이다. 그 뿐만 아니다. 그 주위 풍경이 얼마나 아름답겠는가. 수정같이 맑은 생명수의 강이 흐르고 있다. 열두 달 실과가 맺히는 아름다운 과일나무들로 둘러싸여져 있고, 아름다운 온갖 종류의 꽃들이 은은한 향기를 풍기고 있다. 상상력을 총동원해서 천국을 상상해 보라. 천국은 외적으로도 아름답고 풍성하고 존귀하지만, 내적인 것에 비하면 이 외적인 것은 아무것도 아니다.

천국의 핵심

그렇다면 천국의 핵심은 무엇인가? 바로 그곳에 하나님이 계시다는 것이다. 하나님의 장막이 사람들과 함께 있고 우리가 밤낮 주의 얼굴을 뵈면서, 주님을 찬양하면서 뜨거운 사랑의 삶을 살 수 있다. 천국을 '에덴동산' 또는 '파라다이스'라고도 표현하는데, 천국은 에덴동산보다도 더 좋은 곳이다. 물론 동일한 하나님이 만드셨으니 외부적인 환경은 크게 차이가 없을지도 모르겠다. 그러나 사랑의 뜨거움, 그 사랑의 질에 있어서는 엄청난 차이가 있다.

타락하기 전의 아담과 하와는 하나님께 감사했고, 하나님을 사랑했으며, 하나님께 예배했지만, 그 사랑은 피조물이 창조주에게 드리는 사랑이고, 예배이다. 그러나 우리가 천국에서 드릴 그 찬양은 피조물이 창조주에게 드리는 예배일 뿐 아니라 구속함과 죄사함을 받은 자가 은혜에 감격하여 구세주에게 드리는 찬양과 경배이다. 탕자가 아버지 집을 떠나기 전에 가졌던 부자지간의 사랑과, 나중에 아버지 집을 떠났다가 회개하고 돌아왔을 때 부자지간의 사랑은 차원이 다를 수밖에 없지 않겠는가.

어떤 연주자가 아주 귀한 바이올린을 준비했다. 그 바이올린으로 귀국 연주회를 하려고 연습하고 있었는데, 너무 귀한 바이올린이라 긴장해서 다루다가 그만 떨어뜨려서 깨지고 말았다. 결국 귀국 연주회를 못하게 되는 상황이 됐다. 이 일이 신문에 난 것을 보고 안타깝게 여긴 한 바이올린 제작자가 그 사람에게 편지를 했다.

"그 바이올린을 가져오시면 제가 한번 고쳐 보겠습니다."

그래서 그 바이올린 제작자에게 맡겼더니 이 사람이 정성껏 그 바이올린을 고쳐 주었다. 그런 다음 연주를 하는데 깨어지기 전보다도 더 아름다운 소리가 났다고 한다. 바로 이것이다. 하나님께서 우리를 천국에 들이실 때, 하나님과 우리와의 관계는 타락하기 전의 그 상태보다 더 좋고 아름다운 관계가 되는 것이다.

천국에 없는 것

천국은 에덴동산에서의 사랑과는 차원이 다르다. 그곳에서는 가슴 깊숙한 곳에서 우러나오는 뜨거운 사랑을 주님과 나눌 수 있다. 그곳에는 더 이상 죽음이 없다. 이 세상에 살면서 사별의 고통을 겪어본 적이 있는가? 천국에는 사별의 아픔이 없다. 눈물이 없다. 억울해서 외로워서 슬퍼서 흘리는 눈물이 없다. 질병도, 유혹도, 저주도 없다. 이 세상에서의 악하고 더러운 것들은 그곳에는 없다. 대신 우리가 원하는 좋은 것들이 있다.

그럼, 우리의 상태는 어떻게 변화될 것인가. 먹지 않으면 배고프고, 일하면 피곤해지고, 점점 늙어가는 이런 몸으로 천국에서 영원히 사는 것은 아니다. 부활하신 예수님의 몸과 같은 영체로, 늙지 않고, 병들지 않고, 죽지 아니하는 영광스러운 몸으로 영원히 사는 것이다. 더 중요한 것은 우리의 성품이다. 이기심, 시기, 질투, 악한 정욕으로 가득 찬 이 마음으로 천국에서 사는 것이 아니다. 주님께서 우리의 성품을 변화시켜 주신다. 우리가 매일매일 주님을 닮아가는 성화의 단계를 밟고 있지만, 성화의 단계가 완성되면 주님께서 우리를 영화롭게 해 주신다. 주님께서 만물을 새롭게 하실 때 우리의 성품 또한 완벽한 성품으로 바꾸어주셔서 주님께 온전한 순종을 하며 사는 것이다. 전적으로 주님께 복종하는 삶이다. 순결한 기쁨, 넘치는 뜨거운 사랑이 우리 가슴속에서 날마다 용솟음칠 것이다.

천국, 현실적인 이야기

혹시 이렇게 질문하는 사람이 있을지 모르겠다.

"천국, 그거 너무 비현실적 이야기 아닙니까? 너무나 먼 미래 이야기 아닙니까? 지금 당장 일이 더 급한데요."

천국은 정말 비현실적인 이야기인가? 죽음이 당신과는 상관없는 까마득한 먼 일이라고 생각하는가? 그 죽음의 순간이 앞으로 오 분 후에 올 지 다섯 시간 후에 올 지 누가 알 수 있겠는가? 그러나 그리스도인에게는 언제 죽음이 오더라도 아무 염려가 없다. 지금 죽으면, 천국에 가면 된다. 주님 품에 안기면 된다. 천국의 소망이 분명한 사람은 그 어떤 경우에도 낙심하지 않는다.

모리스 롤링스 박사라는 사람이 있는데, 심장병 전문 의사인 그의 저서 『사후의 세계』에 보면 이런 이야기가 있다. 임상학적으로 심장마비로 죽었던 사람들이 다시 살아나, 사후 세계에 갔다 온 경험을 말해주는 경우가 있다는 것이다. 70세가 된 한 노인은 심장마비를 일으키며 죽었다가 잠시 후 소생하여 다음과 같이 말했다고 한다.

내 심장의 통증 때문에 사람들이 나를 응급실에서 중병실로 급히 옮겨가고 있었다. 그들은 심장마비라고 했다. 그 다음에 기억나는 것은 내가 중병실에 누워 있는 내 육체를 내려다보고 있었다는 사실이다. 그곳에 어떻게 갔는지는 모르겠지만 그들은 나를 돌보고 있었다. … 그 다음에 내가 검은 통로 속을 가고 있었던 것이 기억난다. 벽은 만지지 않았다. 나는 통로를 빠져나와 넓은 들판을 마주 했다. 그리고는 아주 기다랗고 큰 흰 벽을 향해 걸어 나갔다. 벽에 난 문에 이어진 세 개의 계단을 올랐다. 계단 위에는 눈부시게 하얗고 빛나는 옷을 입은 남자가 앉아 있었다. 그의 얼굴에도 광채가 났다.

그는 큰 책을 들여다보고 공부하고 있었다. 그에게 다가서며 나는 깊은 존경심을 느꼈다. 그리고 물었다. "예수님이십니까?" 그는 "아닙니다. 저 문을 열고 들어가시면 예수님과 사랑하는 이들을 보시게 될 것입니다."라고 대답했다. 그리고 나는 문을 열고 들어섰는데 그곳에 펼쳐진 아름다운 도시를 보았다. 도시는 마치 햇살을 반사하는 듯 눈부시게 빛나고 있었다. 모든 것이 금이나 어떤 빛나는 금속으로 만들어진 것 같았으며 둥근 지붕과 뾰족탑이 곱게 일렬로 늘어서 있었다. 거리는 번쩍였는데 대리석이 아닌 이전에 본적이 없는 것으로 만들어진 듯 했다. 눈부신 흰 옷을 입고 있는 많은 사람들이 오갔으며 얼굴은 빛나고 있었다. 그들은 무척 아름다웠다. 공기는 아주 상쾌했다. 아름답고 성스러운 음악소리가 들려왔다.

그 때 나를 향해 걸어오고 있는 사람을 보았다. 나는 그들을 금방 알아보았다. 그들은 여러 해 전에 돌아가신 어머님과 아버님이었다. 생전에 어머님은 다리가 절단되었었는데 지금은 회복되어 두 다리로 걷고 있었다. 나는 어머니에게 말했다. "어머님과 아버님, 너무 아름다우십니다." 그들은 내게 말했다. "너도 같은 광채를 지니고 있으며 역시 아름답단다."

우리가 예수님을 찾으러 함께 걸어가고 있을 때 다른 것보다 더 큰 건물 하나를 보았다. 마치 축구 경기장 같았는데 한쪽 열린 입구에서 눈부신 빛이 새어 나오고 있었다. 그 빛을 쳐다보려 했지만 할 수가 없었다. 너무도 밝았던 것이다.

많은 사람들이 이 건물 앞에서 경의를 표하고 기도를 올리는 것 같았다. 부모님께 "저게 무엇입니까?"하고 물어 보았다. "저 안에 하나님께서 계신단다."라고 대답하셨다. 그 광경을 결코 잊지 못할 것이다. 그런 것을 전에 본 적이 없었다. 그들이 예수님께로 나를 데려가기 위해 계속 걸어갔으며 우리는 많은 사람들을 지나쳤다. 그들은 전부 행복한 것 같았다. 이런 행복감은 전에 느껴본 적이 없었다. 예수님이 계신 곳에 가까워졌을 때 마치 누군가 내 가슴을 심하게 친 듯한 충격적인 전류가 몸 속에 흐르는 것을 느꼈다. 그들이 내 가슴에 섬유질 제거 작업을 실시할 동안 내 몸은 위로 휘어졌다. 나는 다시 이승으로 환생된 것이었다. 돌아왔다는 사실이 그리 달갑지가 않았다. 그러나 내 경험을 다른 이들에게 전하기 위한 목적으로 돌려보내졌음을 알고 있었다. 주님의 명령인 것이다. 남은 여생은 귀를 기울이는 사람들에게 경험담을 들려주면서 보낼 생각이다.

이 천국의 소망을 가난이 빼앗아 갈 수 있겠는가? 질병이
빼앗아 갈 수 있겠는가? 오히려 가난하면 가난할수록, 병들면
병들수록 더욱더 천국을 소망하게 된다. 그러므로 생각의 초
점을 천국에 맞추고 있는 사람은 어떤 경우에든지 감사할 수
있다. 우리에게 영원한 천국이 준비되어 있다는 것은 유한한
삶을 살아가는 우리 모두에게 어떤 것보다도 현실적인 이야기
이고, 그 무엇과도 바꿀 수 없는 소망의 이유이다.

가장 좋은 것은 아직 오지 않았다

천국에 가면 우리는 영원히 이런 삶을 살 수 있다. 천국
의 소망이 우리 앞에 있기 때문에 비록 현실적인 고통이 있다
할지라도 견뎌나갈 수 있다. 너무 살기가 힘들다고 고통을 호
소하는 사람들이 많다. 육체의 고통 때문에 너무너무 견디기
힘들어서 '목사님 어떻게 하면 좋습니까.' 하며 전화를 하는
분들도 있다. 그러나 고통스러우면 고통스러울수록 더욱 더
천국을 소망해야 한다. 우리가 현재 당하는 그 고통이 천국에

는 없다. 이 고통은 천국에 가면 끝나는 것이다. 그 고통 때문에 천국을 더욱더 사모할 수 있기를 바란다.

어떤 사람은 고통스러우면 천국을 사모하다가도 행복하면 마음이 흐물흐물해져 천국소망이 희미해지기도 한다. 그러나 기억하라. 당신이 아무리 행복하다 할지라도 가장 좋은 것은 아직 오지 않았다. 천국은 현재 당신이 누리는 그 행복보다도 훨씬 더 큰 행복, 훨씬 더 큰 기쁨이 있는 곳이다. 행복하면 '천국은 이보다 더 행복하겠지.' 라고 생각하라. 맛있는 음식을 먹으면서는 '천국은 이보다 더 맛있는 음식들이 있겠지.' 라고 생각하라. 부부간에 뜨거운 사랑을 나누면서 '주님의 사랑은 더 뜨겁겠지.' 라고 생각하라. 그래서 힘들어도, 행복해도 그것 때문에 천국을 더 간절히 사모할 수 있게 되기를 간절히 바란다.

이 땅의 삶이 언제 끝나더라도 예수 그리스도를 구주로 영접한 사람, 그 사람에게는 영원한 천국의 복락이 주어진다. 우리가 명절을 맞아 고향으로 갈 때마다 '나는 지금 진정한 내 고향인 천국을 향하여 가고 있는가'를 늘 점검해 보아야 한다. 육신의 부모님을 뵈러가면서 진정한 내 아버지, 하나님 아버지를 뵐 준비가 되어 있는가를 살펴보라. 극장에 갔다고 다 영화를 볼 수 있는 것은 아니듯 교회에 다닌다고 다 천국에 갈 수 있는 것은 아니다. 예수 그리스도를 나의 구주로 영접하였는가를 다시 확인하고 그것이 분명하다면 이제는 기뻐하고, 감사하며, 천국을 소망하며 날마다 주께로 더 가까이 나아가야 한다.

3장

죽음이 두렵지 않은 사람

형제들아 내가 이것을 말하노니 혈과 육은 하나님 나라를 유업으로 받을 수 없고 또한 썩은 것은 썩지 아니한 것을 유업으로 받지 못하느니라 보라 내가 너희에게 비밀을 말하노니 우리가 다 잠잘 것이 아니요 마지막 나팔에 순식간에 홀연히 다 변화하리니 ⋯ 사망아 너의 이기는 것이 어디 있느냐 사망아 너의 쏘는 것이 어디 있느냐 사망의 쏘는 것은 죄요 죄의 권능은 율법이라 우리 주 예수 그리스도로 말미암아 우리에게 이김을 주시는 하나님께 감사하노니 그러므로 내 사랑하는 형제들아 견고하며 흔들리지 말며 항상 주의 일에 더욱 힘쓰는 자들이 되라 이는 너희 수고가 주 안에서 헛되지 않은 줄을 앎이니라 (고전 15:50-58).

이렇게 빨리 올 줄은 몰랐다

꽤 오래 전에 유명한 한 놀이동산에 간 적이 있는데, 마침 세계 비석전시회가 열리고 있었다. 이상하게 생긴 각국의 비석에는 재미난 표현들이 적혀 있었다. 비석의 모양보다 내용에 관심이 가서 이것저것 살펴보았다.

"부지런한 내 딸, 여기 잠들다. 부활의 날에도 제일 일찍 일어나리라."는 내용도 있고, "참 말 많던 내 아내, 드디어 여기에 잠들다."라는 내용도 있었다. 그 중에서 지금까지도 기억하고 있는 내용이 하나 있는데, 바로 "이 순간이 올 줄은 알고 있었지만 이렇게 빨리 올 줄은 몰랐다."라는 것이었다. 아마도 죽음에 대한 준비를 미처 하지 못한 고인의 한 마지막 말을 후세 사람들이 비석에 적은 것이리라.

부활만이 궁극적인 해결책

죽음에 대한 준비를 어떻게 하고 있는가? 무엇이 죽음에 대한 진정한 준비가 될 수 있을 것인가? 요즘 '웰빙'이란 말을 많이 쓰는데, 음식을 가려먹고 열심히 운동해서 장수하는 것이 죽음에 대한 궁극적인 대비책이 될 수 있는가? 열이 나면 해열제를 먹고 아프면 진통제를 먹지만, 그것은 임시방편일 뿐이지 근본적인 대책이 아니다. 왜 아픈지 원인을 발견해서 병을 치료해야 한다. 장수하는 것, 즉 죽음과 맞닥뜨리는 시간을 자꾸 뒤로 미루는 것은 죽음에 대한 궁극적인 해결책이 될 수 없다.

그렇다면 궁극적인 해결책은 무엇이겠는가? 그것은 죽음을 이길 수 있는 방법을 찾아내는 것이다. 그러나 역사상 그 누구도 죽음을 이겨내지 못했다. 뛰어난 왕도, 학자들도, 부자들도 모두 죽음 앞에서는 가진 것을 다 빼앗기고 두 손 들었다. 죽음에 굴복당하고 말았던 것이다. 그러나 오직 한 분, 예수 그리스도는 죽음을 이기셨다. 죽음을 이기시고 무덤 문

을 박차고 부활하셨다. 그러므로 부활하신 예수 그리스도
와 연합하는 길, 그것만이 죽음에 대한 올바른 준비이다.

많은 사람들이 주님 앞으로 나온다. 그런데 무엇을 위해
서 예수님 앞에 나오는가? 때로는 건강이나 돈을 위해서 예수
님 앞에 나온다. 그러나 우리가 참으로 알아야 할 것은, 진정
한 복이란 부활밖에 없다는 것이다. 부활 외에 무슨 복이 있을
것인가. 건강, 부유, 부귀는 시간이 지나면 없어질 것이기 때
문에, 진정한 복이 되지 못한다. 부활 외에 승리라고 할만한
것이 있는가? 이겼더라도 그 다음 순간 또 지고 만다. 부활만
이 진정한 축복이요, 진정한 승리이다. 그러므로 부활에 초점
을 맞춘 삶을 살아야 한다.

엄청난 은혜?

어떤 교회에 인테리어를 하는 박 집사님이라는 분이 있
었다. 이 분은 아주 상습적인 도박 중독자였고 이름만 집사지
주일을 거의 지키지 않는 사람이었다. 그 교회의 목사님은 근
심하며 박 집사님을 위해 기도했다. 그러던 어느날 사순절 끝
자락 성금요일 저녁 성만찬에 박 집사님이 참여했다. 거기서
은혜를 받은 것 같더니만 부활절 아침에도 제일 먼저 앞자리

에 나와서 은혜를 받았다. 그리고 나갈 때도 "목사님 은혜 많이 받았습니다."라고 적극적으로 인사했다. 그래서 목사님이 "박 집사님, 지난 성찬식 때 은혜를 많이 받으셨나 봅니다."라고 했더니 박 집사님이 이렇게 대답했다고 한다.

"예, 목사님, 그 밤에 주님께서 제게 큰 은혜를 주셨습니다. 엄청 은혜를 부어 주시더군요, 어찌나 끗발이 좋던지!"

이것이 진정한 복이라고 할 수 있는가. 고린도전서 15장 19절에 "만일 그리스도 안에서 우리 바라는 것이 다만 이생뿐이면 모든 사람 가운데 우리가 더욱 불쌍한 자라"라는 말씀이 있다. 교회에 나와서, 예수 앞에 나와서까지 부활 아닌 것에 신경을 쓰느라 부활의 축복을 받지 못한다면 그보다 더 불쌍한 사람이 없다는 것이다. 그러므로 불쌍한 자가 되지 않기 위해서, 이제는 부활 외의 다른 모든 것에는 신경을 끊어버리고 부활을 중심으로 살아가는 믿음의 사람이 되어야 한다.

십자가를 지난 부활의 의미

복숭아꽃이 떨어지고 나면 거기에 복숭아 열매가 맺히듯 주님의 십자가 끝에 부활의 열매가 맺혔다. 부활은 십자가의 열매다. 부활은 예수 그리스도로 말미암아 왔고 십자가로 말미암아 왔다. 그렇다면 구체적으로 예수 그리스도로 말미암아 우리에게 주어진 것은 무엇인가.

죽음에 대한 승리

고린도전서 15장 56절은 "사망의 쏘는 것은 죄요 죄의 권능은 율법이라"고 말씀한다. 왜 인간에게 죽음이 왔는가? 그것은 죄 때문이다. 만약 죄가 없었다면 사람은 죽지 않고 영원히 살았을 것이다. 예수님께서는 죽음의 원인인 그 죄를 십자가에서 없애 주셨다. 죄의 삯은 사망이라는 율법에 따라 십자가에서 피 흘려 죽으셨다. 대속제물이 되어 우리의 모든 죄를 다 감당하셨고 "다 이루었다" 말씀하시고 운명하였다.

그 순간 예수 믿는 우리 안에 있는 모든 죄는 말끔히 제거된 것이다. 그러므로 그리스도 안에 있는 자는 결코 정죄함이 없고 동시에 죽음이 없다.

"그렇지만 목사님, 예수 믿는 사람도 죽잖아요. 그렇죠? 그럼 이건 어떻게 된 겁니까?"라고 반문할 수도 있다. 하지만 그것은 죽는 것이 아니다. 생명을 가진 씨앗을 땅에 심으면 씨앗이 썩어 없어진 것처럼 보인다. 그러나 잠시 후면 거기서 싹이 난다. 당장은 죽은 것 같지만 다시 깨어난다. 부활한다. 그렇기 때문에 성경은 성도의 죽음을 '잠 잔다'는 말로 묘사하고 있다. 성도에게는 죽음이 없다. 우리 주님께서 죄를 제거해 주셨기 때문이다.

이제 우리에게는 두 가지 가능성이 있다. 하나는 예수님 재림하시기 전에 잠들었다가 재림하실 때 깨어나는 것이고, 다른 하나는 예수님이 재림하실 때까지 기다리다가 육체적 죽음을 경험하지 아니하고 바로 천국에서 영원히 사는 것이다. 사도 바울은 자신의 생전에 예수님께서 재림하시기를 고대했다. 당신은 어떠한가? 생전에 예수님이 재림하시기를 바라는가? 그렇다면 우리는 죽음을 경험하지 않고 천국에서 영원히 살게 될 것이다.

부활은 가장 가슴에 와 닿는 현실

재림 전이든 재림 후든 상관없이 중요한 것은, 예수 안에 있는 모든 자들이 깨어나 천국에서 다시는 이별이 없는 영원한 사랑의 삶을 살게 된다는 것이다. 이 부활의 교리는 결코 공허하고 이론적인 이야기가 아니다. 만약 당신이 사랑하는 가족 중의 누군가가 먼저 잠들었다면, 이 부활의 진리야말로 가장 현실적이고 가장 가슴에 와 닿는 진리일 것이다. 이것보다 더 간절한 소망이 있을 수 없다. 부활의 소망을 가진 사람은 낙심하거나 슬픔에 압도당하지 않고, 죽음으로부터 자유로운 삶을 살 수 있다.

사망, 독니 빠진 뱀

내가 어릴 때 시장터에는 약장수들이 많았다. 뱀을 목에 칭칭 감기도 하고, 뱀을 가지고 마술을 하기도 하는 모습을 보면서 참 신기하다고 생각했었는데, 알고 보니 별 것 아니었다. 그것은 독니를 뺀 뱀이었던 것이다. 독니가 빠진 뱀은 장난감에 불과한 것이다. 죄의 저주가 빠진 사망도 이와 같다. 그것은 아무런 독이 없다. 단지 잠에 불과하다.

칠 년 전 쯤 내가 섬기는 교회에 최공찬 목사님이라는 분이 계셨다. 부목사로 청빙한 분인데, 그 분이 이렇게 말했다. "목사님, 저는 축구를 제일 잘 하는 사람입니다." 그래서 무슨 말인가 했더니 "제 이름이 최공찬이거든요."라고 하시는 게 아닌가. 그 목사님은 오른손 엄지손가락이 없었다. 손톱에 피부암이 생겨서 잘라냈다. 본인도 완치되었다고 믿었고, 저도 그렇게 알고 우리 교회에서 일할 수 있도록 청빙했는데 중간에 재발이 되었다. 결국은 앓으시다가 운명하셨는데, 돌아가시기 전 병원에 몇 번 찾아간 적이 있었다.

병세가 이렇게 진행될 것이라고 의사가 말했다면서 설명을 하는데, 꼭 남의 이야기하는 것처럼 담담하다. 죽음에 대한 공포나 마음의 동요가 전혀 없어 보였다. 운명하시기 바로 며칠 전에 마지막으로 방문했을 때는 내 손을 꼭 잡고 "목사님, 감사합니다. 제가 마지막으로 주님께 충성할 수 있도록 일할 수 있는 기회를 주셔서 정말 고맙습니다. 그리고 목사님을 끝까지 도와드리지 못해서 죄송합니다. 목사님, 우리 천국에서 다시 만나요."라고 말하며 환하게 미소를 지었다. 그리고 며칠 후에 주님의 품으로 돌아갔다.

죽음이 두렵지 않은 사람, 그 사람이 바로 부활의 소망을 가진 그리스도인이다. 죽음이 두렵지 않은 사람은 가난도 질병도 두렵지 않다. 모든 두려움으로부터 해방되어 살아가기 때문이다.

우리는 영광스런 몸을 받았다

고린도전서 15장 50절에서는 "형제들아 내가 이것을 말하노니 혈과 육은 하나님 나라를 유업으로 받을 수 없고 또한 썩은 것은 썩지 아니한 것을 유업으로 받지 못하느니라"고 말씁한다. 우리가 하늘나라를 상속받고 천국에서 살게 될 때, 이 몸 그대로 간다면 어떻게 될 것인가? 조금만 일해도 피곤해지고, 쉬이 병들고 또 늙어지는 이런 몸을 가지고 영원히 살 수 있겠는가?

주님께서는 각각의 동물들에게 적절한 몸을 주셨다. 공중의 새에게는 날아가기에 적합한 몸을 주셨고, 물고기에게는 헤엄치기에 적절한 몸을 주셨고, 땅 위의 동물들에게는 땅 위를 다니기에 적절한 몸을 주셨다. 이와 같이 하나님께서는 우리에게 영원한 생명과 함께, 영원히 사는 데 적합한 새 몸을 주실 것이다. 그 몸은 예수님께서 부활하신 후 가지신 몸과 꼭 같은 몸이다. 예수님께서는 우리의 부활을 위해 부활의 첫 열매가 되셨고 우리보다 먼저 부활하셨다.

시골에서 고구마를 캘 때, 제일 위에 있는 것을 캐내면 그 줄기에 다른 고구마들이 줄레줄레 달려 나오는 것을 볼 수 있다. 우리가 예수님께 꼭 붙어있으면, 예수님과 연합되어 있으면, 예수 안에 있으면, 예수를 믿으면, 예수님의 부활에 우리도 동참할 수 있다.

상식을 뛰어넘는 부활신앙

예수님의 부활은 우리 인간의 상식과 지식의 힘으로는 도저히 이해할 수 없는 신비한 사건이었기에 많은 사람들은 부활하신 예수님을 보고도 믿지 못했다. 주님께서는 너무 답답하신 나머지 주님을 영으로 생각하는 사람들에게 "내 몸을 만져 봐라. 영은 살과 뼈가 없지만, 나는 있다."고 말씀하셨다.

또한 예수님의 부활 이외에 또 하나 신비한 것은 바로 부활신앙이다. 즉, 어떤 자는 부활하신 예수님을 보고 만졌음에도 믿지 못했는데 우리는 보지도, 만져보지도 않고 예수님이 부활하신 것을 믿을 수 있다는 것이다. 당신은 예수님이 부활하신 것을 믿는가? 부활을 믿는 것이야말로 하나님의 은혜요, 감당할 수 없는 선물이요, 성령의 역사의 결과이다. 부활을 확실하게 믿는다면 겁날 것이 아무것도 없으며 부러울 것도 없다. 천국에서 영생하는 소망이 확실하면, 로또복권 당첨된 사람도, 아파트 값 오른 사람도 전혀 부러울 것이 없다.

아리스토텔레스의 편지

주후 125년에 그리스의 유명한 철학자 아리스토텔레스가 친구에게 이런 편지를 보냈다.

"그리스도교 교인들은 참 이해하기 힘든 새로운 종교 집단이다. 그들은 사람이 죽으면 슬퍼하지 않고 기뻐하며, 오히려 그들의 신에게 감사의 예식을 드린다. 사람을 장사하기 위해서 묘지로 갈 때도 마치 즐거운 소풍을 가듯 찬송을 부르고 '감사합니다, 감사합니다.' 라고 하며 행진을 계속 한다."

부활신앙이 우리 삶의 능력이 되기 위해서는 죽은 이후의 세계에 대한 명확하고 구체적인 이해가 있어야 한다. 주님을 믿지 않는 사람들이 물을 때, 분명하게 대답할 수 있는 준비가 되어 있어야 하는 것이다. 너희 속에 있는 소망에 관한 이유를 묻는 자에게 줄 답을 늘 예비하라고 베드로전서 3장 15절에서 말하고 있다. '부활? 아니 죽은 자가 다시 어떻게 살아나? 만약 부활한다면 그 몸은 어떤 몸인데?' 불신자들이 이렇게 물어볼 때에 분명하게 대답할 수 있어야 한다.

질문1: 어떻게 다시 살아날 수 있는가

첫 번째 질문에 대한 대답은 의외로 간단하다. 전능하시고 천지를 창조하신 하나님의 능력을 믿는 자에게 이것은 전혀 어려운 것이 아니다. 아무것도 없는 상태에서 천지만물을 다 만드신 그 하나님께 죽은 자 살리는 것이 뭐 그리 힘든 일이겠는가? 창조주 하나님을 믿는 믿음이 없기 때문에 고민이 되는 것이다. 하나님께서 모든 동식물에게 형체를 주신다. 사실 따지고 보면 생명 자체가 신비 아니겠는가? 배추씨, 무씨, 상추씨 이렇게 섞어 놓으면 우리 대부분은 구별할 수 없을 것이다. 그런데 뿌려 놓으면 어떤 건 상추가 되고, 어떤 건 배추가 되고, 어떤 건 무가 된다. 즉, 하나님께서 적절한 형체를 주시는 것이다.

하나님께서는 움직이는 모든 동물에게 가장 적합한 형체를 주셨다. 물고기는 물속에서 헤엄치며 살 수 있도록 적절하게 만드셨으며 새들에게는 푸른 창공을 날아다닐 수 있게 아주 가벼운 몸을 주셨다. 하나님께서 우리에게 영원한 생명을 주시기로 작정하셨을 때, 영원히 살 수 있는, 영원히 살기에 적합한 몸을 주신다는 것을 어찌 믿지 못하겠는가?

질문2 : 부활의 몸은 어떤 몸인가

두 번째 질문은 '그 몸은 어떤 몸인가' 하는 것이다. 그것은 바로 부활하신 예수님과 똑같은 몸이다. 그 몸은 신령한 몸으로 한문으로 표기하면 영체(靈體)이다. 그러면 '그 영체는 어떤 것인가' 하는 것은 예수님의 부활을 보면 알 수 있다. 왜냐 하면, 예수님이 부활의 첫 열매이기 때문이다.

어떤 나무에 첫 열매가 생겼다. 그렇다면 그 다음 생기는 열매도 첫 열매와 같은 성질의 것일 것이다. 크기와 색깔은 좀 다를지 모르겠지만, 사과가 달렸으면 그 다음에도 사과가 달리지 거기에 배가 열릴 리는 만무하지 않겠는가?

그렇다면 예수님의 부활은 어떠한지 한 번 살펴보자. 예수님이 십자가에 못 박히시고 무덤에 묻히시자 예수님의 제자들은 몹시 두려웠다. 그들은 예수님을 죽인 사람들이 틀림없이 자기들도 죽이리라 생각했었을 것이고 아마도 두려움에 떨며 어느 집 지하에서 문을 꼭꼭 걸어 잠그고 숨어 있었을 것이다. 그런데 그 때 갑자기 예수님께서 그들 가운데 나타나셨다.

"샬롬, 그대들에게 평강이 있을지어다."

문을 걸어 잠궜는데도 불구하고 갑자기 예수님이 나타나시자 제자들은 깜짝 놀라며 '아이고, 예수님의 영인가보다.'라고 생각했다. 예수님께서는 그들의 생각을 아시고 "영은 살과 뼈가 없지만, 만져보아라. 나는 살과 뼈가 있다."라고 하셨다. 실제로 도마 같은 사람이 그 못자국과 창자국에 다 손을 넣어본 것처럼 몇몇의 제자들은 만져 보았을 것이다. 그래도 못 믿는 사람이 있어 답답하셨던 주님은 "여기 뭐 먹을 것 좀 없느냐?" 하시며 음식을 같이 드셨다.

이 몸은 볼 수 있고, 만질 수 있고, 음식을 먹을 수 있는 몸이다. 육체의 모든 기능을 다 갖고 있다. 동시에 시간과 공간의 제한을 받지 않는다. 문을 걸어 잠궈도 나타나실 수 있었고, 문을 열지 않고도 나가실 수 있었다. 또한 승천하실 때에는 중력의 법칙을 초월하여 하늘로 올라가셨다. 시간과 공간의 제한을 받지 않는, 자유로운 영의 모든 기능을 다 갖춘 몸. 육체와 영의 장점만을 가진 몸. 이 몸이 바로 영체, 신령한 몸이다.

고린도전서 15장 42-44절에는 "죽은 자의 부활도 이와 같으니 썩을 것으로 심고 썩지 않을 것으로 다시 살며, 욕된 것으로 심고 영광스러운 것으로 다시 살며, 약한 것으로 심고 강한 것으로 다시 살며, 육의 몸으로 심고 신령한 몸으로 사나니, 육의 몸이 있은 즉, 또 신령한 몸이 있느니라"고 기록하고 있다. 우린 천국에서 영으로 영원히 사는 것이 아니다. 몸과 함께, 즉 영과 몸이 함께 영원히 천국에서 사는 것이다. 그 몸은 썩지 않는, 다시 말해 죽지 않는 몸이다. 현재 우리가 입고 있는 이 몸은 아담으로부터 물려받은, 흙에서 지음 받은 것이다. 흙에서 와서 흙으로 돌아가는 썩어서 죽을 몸인 것이다. 그러나 예수님께서는 제2의 아담이 되어서 우리에게 썩지 아니할 몸을 주실 것이다. 그 몸은 죽지 아니하는 불멸의 몸이다.

천국의 영광은 각기 다르다

뉴욕의 한 코미디언이 임종을 맞이하기 전 이러한 유언을 한 적이 있다.

"내가 죽거든 내 시체를 대학병원에 해부실습용으로 기증을 해라. 그런데 반드시 하버드 의과대학에 기증을 해라. 그것이 우리 부모님의 소원을 들어주는 방법이다. 우리 부모님의 평생 소원이 내가 하버드대학에 들어가는 건데 지금으로서는 이 길 밖에 없다." 그리고는 가쁜 숨을 몰아쉬면서 "그러나 죽는 것은 역시 고통스럽다."라고 말하고 나서 죽었다고 한다. 유머러스한 유언을 했지만, 죽는 것은 고통스러운 것이었기에 그 누구도 죽음을 함부로 얕잡아 볼 수 없다.

그러나 그리스도인이 부활의 몸을 입게 될 때에는 죽음의 고통을 맛보지 않게 될 것이다. 현재 입고 있는 몸은 지은 죄의 결과로 병들고 늙고 죽는 몸이지만 주님이 주실 새 몸은 영광스러운 몸일 것이다. 우리가 지은 죄의 모든 결과를 주님께서 십자가에서 다 담당하셨다. "다 이루었다"고 말씀하신 순간 우리의 죄가(罪價)가 다 소멸되고, 나름대로 주님을 위해 무엇인가 한 대가가 칭찬과 영광과 존귀로 우리에게 돌아올 것이다.

하지만 그 영광의 크기는 다 다를 것이라 하셨다. 길거리에 굴러다니는 돌멩이와 귀히 여기는 보석이 다르며, 보석이라도 다 똑같은 건 아니지 않는가? 다이아몬드나 루비나 사파이어의 가치가 다 다르며 그 빛의 밝기 또한 다 다르다. 해가 있고, 달이 있고, 별이 있다. 다 빛을 내는 존재이면서 그 밝기가 다 다르듯 부활의 몸을 입을 때에 우리들은 모두 영광스러운 존재일 것이나, 그 영광은 다 다를 것이다.

고린도전서 15장 40-41절의 말씀은 이렇게 기록한다.

"하늘에 속한 형체도 있고 땅에 속한 형체도 있으나 하늘에 속한 자의 영광이 따로 있고 땅에 속한 자의 영광이 따로 있으니 해의 영광도 다르며 달의 영광도 다르며 별의 영광도 다른데 별과 별의 영광이 다르도다"

사도 바울처럼, 사도 베드로처럼, 스데반처럼 죽기까지

주님을 위해 충성을 다 한 사람. 주기철 목사님처럼, 손양원 목사님처럼 주님을 위해서 열심히 일한 사람, 그들에게는 더 큰 영광을 주실 것이다. 그러나 겨우 주일만 지키며 이 핑계 저 핑계로 겨우겨우 신앙생활을 하는 그런 사람들은 예수를 믿었기에 영생이 주어질 것이나 분명 앞서 말한 사람들보다는 영광이 작을 것이다. 그래야 공평하지 않겠는가? 오히려 영광 이 똑같이 주어진다면 그것이야말로 불공평한 것이다.

질문 3 : 남은 시간을 어떻게 보낼 것인가

부활의 영광에 대한 믿음이 확실해지면 남은 생애, 남은 시간을 어떻게 써야하는지 분명해진다. 주안에서의 수고는 절 대 헛되지 않는다. 성가대원들이 열심히 연습하고, 교사들이 수고하고, 주방에서 봉사하고, 밖에서 차량 봉사하는 모든 것 들에 대해 하나도 빠짐없이 주님께서 다 갚아 주실 것이다. 그 러므로 우리 모두는 부활할 때에 보다 더 영광스러운 존재가 되어 주님께 더 큰 영광 돌리기 위해서 주의 일에 힘써야 한 다. 또한 이 몸은 병에도 약하고, 유혹에도 약하며 특별히 도 덕적으로 더욱 약한 존재이다. 마음에는 원이지만 육신이 약 하도다' 라며 주님께서 제자들의 약함을 보고 탄식하셨다. 또

한 사도 바울도 "오호라 나는 곤고한 사람이로다. 이 사망의 몸에서 누가 나를 건져내랴." 라고 고백했다. 마음에서는 선을 행하고 싶으나 육신이 약하기 때문에 범죄할 때가 얼마나 많은가? 깨끗하게 살고자 함에도 불구하고 육신이 약하여, 얼마나 많은 시험에 걸려 넘어지고 패배했는가. 그러나 우리가 부활의 몸을 입을 때 새 몸, 그 영체는 이 모든 유혹을 다 이길 수 있으며 마음이 원하는 바를 그대로 실행할 수 있는 조금도 약함이 없는 온전히 강한 몸이 될 것이다.

이미 그러나 아직

어떤 사람은 성질이 급해서 "아니 목사님, 죄 때문에 사망이 왔다면 예수님이 십자가에서 다 이루었다 말하셨으니 내 모든 죄는 다 사해진 것이 아닙니까? 그렇다면 죽지 않고, 병도 안 걸려야 될 텐데, 채찍에 맞으심으로 나음을 입었다는데 왜 병이 듭니까, 왜 죽습니까?" 라고 할지 모르겠다. 하지만 그것은 밥 한 숟가락을 먹고는 밥 먹었는데 왜 배가 안 부르냐고 이야기하는 것과 같다. 좀 기다릴 필요가 있다. "Already but not yet." 이 말은 "이미, 그러나 아직은 아닌"이라는 뜻이다. 이미 구원 받았으나 아직 구원 받지 못한, 미래의 구원이 있다는 신학적인 전문용어이다. 즉 받을 구원이 남아 있다는 것이다.

이스라엘 백성이 출애굽을 하고 가나안을 향해 가던 광야여정과 현재 우리의 삶이 똑같은 처지이다. 광야에 있는 이스라엘 백성들은 이미 바로의 손에서 해방되고 홍해를 건넜다. 그러나 그들은 아직 가나안 땅에는 들어가지 못했다. 애굽을 중심으로 보면 이미 구원 받았지만, 가나안을 중심으로 보면 아직 구원 받지 못한 것이다. 그러므로 우린 모두 구원 받았고, 구원 받아야 할 존재인 것이다. 구원받은 것에 대해서 요한복음 5장 24절에서는 이렇게 말하고 있다. "내가 진실로 진실로 너희에게 이르노니 내 말을 듣고 또 나 보내신 이를 믿는 자는 영생을 얻었고 심판에 이르지 아니하나니 사망에서 생명으로 옮겼느니라" 이 글의 시제는 모두 과거형이며 즉 이것은 이루어진 과거의 구원이다. 그러나 이것이 전부가 아니며 남은 것이 있다.

영광스러운 몸으로 영원한 천국에

로마서 8장 10-11절에 보면 "또 그리스도께서 너희 안에 계시면 몸은 죄로 인하여 죽은 것이나, 영은 의로 인하여 산 것이니라. 예수를 죽은 자 가운데서 살리신 영이 너희 안에 거하시면, 그리스도 예수를 죽은 자 가운데서 살리신 이가 너희 안에 거하시는 그의 영으로 말미암아 너희 죽을 몸도 살리시리라"고 하셨다. 그 소망이 우리 앞에 놓여 있는 것이다. 지금 예수 잘 믿다가 돌아가신 분이 있다면 그분의 육체는 땅에 있으며 영혼은 낙원에서 무한한 영광을 누리고 있을 것이다.

그러나 그것이 천국은 아니다. 천국은 영체가 있는 곳이다. 주님이 재림하실 때 영과 육이 재결합된다. 주님께서 창조의 역사로 다시 한 번 늙지 않고 죽지 아니하는 영생불멸의 몸을 주시는 것이다. 그리고 만약 주님이 재림할 때까지 우리가 살아남아 있다면 우리도 홀연히 변화되어 부활하신 주님과 똑같은 몸으로 영원토록 주님과 함께 살 것이다. 그때 우리는 담대하게 "사망아, 너의 이기는 것이 어디 있느냐. 사망아, 너의 쏘는 것이 어디 있느냐" 라고 사망을 향하여 승리를 선언하게 될 것이다.

아직 구원이 완성된 것은 아니다. 때로 병 들 때도 있고, 때로 약해서 범죄할 때도 있을 것이다. 때로 슬픔과 탄식을 경험할 때도 있을 것이다. 그러나 실망하지 말라. 그것이 끝이 아니다. 잠시 후면 승리하게 된다. 마지막은 승리로 확정

지어져 있고, 영광으로 이미 결론이 나 있다. 그렇기 때문에 현재 어려움이 있다 하더라도 낙심하지 말고 최후 승리와 부활의 소망으로 위로 받으며 다시 일어설 수 있기를 바란다. 주님 오시는 그 순간을 바라보며 "가장 좋은 것은 아직 오지 않았다."는 사실을 기억하라.

천국의 스톡옵션

요즘 어떤 회사들은 스톡옵션을 준다. 열심히 일하는 사람에게는 보너스로 그 회사의 주식을 준다. 그 사람이 열심히 일해서 회사가 성장하고 주식 값이 오르게 되면, 회사를 위하는 것이 바로 자신을 위하는 것이 된다. 이와 마찬가지로 우리가 하늘나라를 위하고 주님의 영광을 추구하며 살아가면 결국 그것이 나를 위한 것이 되고 나의 영광이 되어 돌아온다. 주님은 우리를 통해 영광을 받으신 후 입을 싹 닦고 모른 척 하시는 분이 아니다. 우리가 주님께 드린 영광보다 훨씬 더 많은 영광으로 우리에게 도로 갚아주시는 분이시다. 그러므로 주님을 향한 모든 수고는 결코 헛되지 않다.

고린도전서 15장 58절은 "그러므로 내 사랑하는 형제들아 견고하며 흔들리지 말며 항상 주의 일에 더욱 힘쓰는 자들이 되라 이는 너희 수고가 주 안에서 헛되지 않은 줄을 앎이니라"고 말한다. 주님께서는 우리 모두에게 "항상 주의 일에 힘쓰는 자들이 되라"고 권면하신다. 때로는 피곤하고, 힘들 때도 있을 것이다. 그러나 부활하신 주님께서, 살아계신 주님께서 우리와 함께 계시다는 것을 기억하라. 세상 끝나는 날까지 항상 함께 하시겠다고 약속하셨다. 이 주님을 믿고 의지하며 주님의 인도하심에 전적으로 순종해야 한다.

2부

교회 밖의
불신자,
교회 안의
불신자

1장
은혜로 주어지는 하나님의 선물

너희의 허물과 죄로 죽었던 너희를 살리셨도다 그 때에 너희가 그 가운데서 행하여 이 세상 풍속을 좇고
공중의 권세 잡은 자를 따랐으니 곧 지금 불순종의 아들들 가운데서 역사하는 영이라 전에는 우리도 다
그 가운데서 우리 육체의 욕심을 따라 지내며 육체와 마음의 원하는 것을 하여 다른이들과 같이 본질상
진노의 자녀이었더니 긍휼에 풍성하신 하나님이 우리를 사랑하신 그 큰 사랑을 인하여 허물로 죽은 우
리를 그리스도와 함께 살리셨고 (너희가 은혜로 구원을 얻은 것이라) … 너희가 그 은혜를 인하여 믿음으
로 말미암아 구원을 얻었나니 이것이 너희에게서 난 것이 아니요 하나님의 선물이라 행위에서 난 것이
아니니 이는 누구든지 자랑치 못하게 함이니라 (엡 2:1-9)

한국판 피사의 사탑

2003년 10월 9일, 서울 동대문구 휘경동에서 한국판 피
사의 사탑 사건이 일어났다. 지은 지 일 년도 채 되지 않은 삼
층짜리 다세대 주택이 기울어져서 옆 건물에 기대고 있는 모
습이 보도되었다. 그러나 이 한국판 피사의 사탑은 곧 무너지
고 말았다. 건축주가 그 지반을 파헤쳐보니까 그 다세대 주택
밑이 뻥 뚫려 있었다고 한다. 허공 위에 집이 서 있었던 것이
다. 원래 직물 공장 지대였던 곳에 그들이 쓰던 물탱크를 그대
로 둔 채 얇게 콘크리트를 깔아서 주택지로 분양을 했고, 건축
주는 지반을 확인하지 않은 채 콘크리트 위에 삼 층짜리 다세

대 주택을 지은 것이다. 시간이 지나서 콘크리트가 부식되자 토양이 흘러 내려 집이 무너지게 되었다. 집을 지을 때, 어떤 크기의 어떤 모양의 집을 지을 것인가도 중요하지만 그보다 더 중요한 것은 기초를 확인하고 튼튼한 기초 위에 집을 짓는 것이다. 그 확인 작업을 하지 않았기 때문에 이 건축주는 막대한 손실을 입게 되었다.

고린도전서 3장은 그리스도인을 집을 짓는 자와 같다고 비유하고 있다. 3장 10절을 보면 "내게 주신 하나님의 은혜를 따라 내가 지혜로운 건축자와 같이 터를 닦아두매 다른 이가 그 위에 세우나 그러나 각각 어떻게 그 위에 세우기를 조심할 찌니라"고 했다. 믿음의 집을 짓는 데 있어 기초는 주어진 것이지, 우리가 닦는 것이 아니라는 것이다. 11절을 보면 "이 닦아둔 것 외에 능히 다른 터를 닦아둘 자가 없으니 이 터는 곧 예수 그리스도라"고 적혀 있다. 예수 그리스도가 우리 신앙의 집을 짓는 기초가 되는 것이다. 그러면 우리의 관심은 어디에 있어야 하는가? 제일 먼저 예수 그리스도께 집중되어야 한다. 예수를 믿는다는 것은 기도하기에 힘쓴다든지, 정직하게 살려고 힘쓴다든지, 사랑의 삶을 살려고 힘쓰는 것이 아니다. 십자가와 기독교의 핵심은 내가 어떤 존재가 되는가가 아니라 예수님이 나를 위해서 무엇을 하셨는가이다. 그에 기초해서 믿음의 집을 지어야지, 예수님이 하신 일에 관심이 없으면 올바른 믿음의 집을 지을 수 없다.

정말 중요한 것

최근 몇 년간 마음을 복잡하게 하는 뉴스들이 많았다. 이라크 파병을 해야 하나 말아야 하나, 정치권의 뇌물 사건을 어디까지 파헤쳐야 하나, 삼십 대에 퇴출 위기가 온다는데 우리 교인들 중 실직당하는 사람이 있으면 어쩌나 하는 생각 때문에 머리가 복잡했다. 그런데 장례식 두 건을 집례하고 나니 복잡했던 생각이 싹 달아났다. 머릿속이 깨끗해지고 단순해졌다. 내가 장례식 때마다 하는 말이 있다.

"이 자리는 여러분이 고인을 위해서 마련한 시간이 아닙니다. 고인은 이미 누구의 도움도 필요로 하지 않은 충족한 상태에 있습니다. 하늘에 가 계시고 하나님 아버지 품에 안겨 계십니다. 지금 이 시간은 고인이 먼저 가시면서 사랑하는 유족들과 조문객들에게 베풀어주시는 선물과 같은 시간입니다. 고인에게 마지막이 있었듯이 우리에게도 마지막이 있다는 것을 깨우쳐주시는 것입니다."

그리고 자신에게도 그 말씀을 적용시켜 보았다. '나 자신에게도 마지막이 있겠구나. 만약 지금 내가 죽게 된다면, 이 순간이 나의 마지막 순간이라면 무엇이 중요할까?' 생각해 보니 대통령이 누가 되든 경기가 좋든 나쁘든 그것은 중요하지 않았다. 당신이 지금 죽는다고 생각해 보라. 무엇이 중요한가? 부자인지 가난한지는 중요하지 않다. 어차피 지금 죽는데 몇 살까지 살 수 있느냐도 중요하지 않다. 얼마나 행복하게 살았는지도 중요한 게 아니다. 내가 지금 죽으면 천국에 가는가, 아니면 지옥에 가는가 그것이 중요하다. 다른 말로 하면 내가 구원을 받았는가, 아니면 받지 못했는가가 제일 중요하다는 것이다.

아름다운 희생

2005년 3월 11일자 국민일보 겨자씨 란에 아름다운 희생의 이야기가 나와 있었다. 이탈리아 여기자 줄리아나 스그레나는 아프리카와 중동 지역에서 활동하던 종군 기자였다. 이라크 전쟁이 발발하자 이 기자는 단신으로 이라크에 들어가서 취재 활동을 했다. 그러다가 무장단체에 의해서 납치되었다. 이 소식이 알려지자 이탈리아 정부는 비밀요원을 보내 이라크 무장단체와 협상을 벌였고, 마침내 이 여기자는 극적으로 구출되었다.

그런데 문제는 구출 이후, 비밀요원과 여기자가 바그다드 공항으로 오는 도중에 일어났다. 미군들이 오인하여 여기자가 탄 차에 총격을 가했던 것이다. 비밀요원 한 명이 죽고 두 명은 부상을 당했다. 그러나 줄리아나 스그레나는 무사할 수 있었다. 한 비밀요원이 그 여인을 감싸 안았기 때문이다. 총알이 비 오듯 쏟아질 때, 비밀요원 리콜라 칼리파리는 조국의 언론을 자기 가슴에 얼싸안았다. 총알은 그의 등에 박혔다. 결국 그는 죽고, 여기자는 살아남았다.

이 여기자는 귀국한 후 기자회견장에서 이렇게 말하며 울먹였다.

"나는 그의 거룩한 죽음을 내 온몸으로 느꼈습니다."

'이 죽음이 나를 위한 죽음이구나.', '이 죽음이 나를 대신한 죽음이구나.' 라고 느꼈다는 것이다. 마찬가지로 우리도 '나를 위한 아름다운 희생'이 있음을 알아야 한다. 십자가에서 나를 위한 죽음이 있었기 때문에, 나에게 영원한 생명이 있게 된 것이다. 그것이 바로 예수 그리스도의 십자가 사건이다.

유월절 양과 놋뱀 사건

십자가의 의미를 분명히 깨닫게 해 주는 몇몇의 사건들을 우리는 구약성경을 통해서 볼 수 있다. 구약성경 출애굽기에 나오는 유월절 사건은 구원의 원리를 보여준다. 살기 위해서는 양의 피를 바른 집 안에 들어가 있어야 하고, 그러기 위해서는 양이 죽어야 한다. 이것은 무엇을 의미하는가? 예수님의 대속의 죽음이 있어야 하고 그 십자가의 피만을 의지해야 구원을 받을 수 있다는 구원의 원리를 보여주는 것이다.

또 한가지, 구약성경 출애굽기의 놋뱀 사건을 통해서 하나님이 정해주신 구원의 방법이 하나밖에 없다는 것을 알 수 있다. 불뱀에게 물린 사람들이 낫기 위해서는 놋뱀을 바라봐야 한다. 그것이 하나님이 주신 유일한 구원의 방법이다. 마찬가지로 오늘날 우리가 죄에게서 해방될 수 있는 길은 우리를 위해 십자가에 달리신 예수님의 십자가를 바라보는 것이다. 그 외의 다른 방법은 없다. 다른 구원의 방법을 주신 적이 없다. 그것만이 유일한 생명의 길이다.

아사셀 양과 하나님의 어린양

우리는 레위기 16장과 요한복음 1장 말씀에서 속죄의 제사와 그 제도, 특별히 아사셀 양을 통해서 우리 주님이 보여주신 속죄의 결과가 어떠한가를 볼 수 있다. 이스라엘 백성은 일 년에 한 차례 오는 대속죄일을 맞이하게 되면 하나님께 속죄 제사를 드리는데, 그 방법은 이렇다.

먼저 대제사장이 송아지를 잡아서 그 피를 뿌리고 자신의 죄를 정결하게 한 다음, 백성들을 위해서 양을 두 마리 선택한다. 한 마리는 죽여서 그 피를 속제소 앞과 그 옆에 뿌린다. 그리고 다른 한 마리 양은 산 채로 제단 앞에 끌고 와서 대제사장이 그 염소 머리위에 두 손을 얹고 온 백성의 죄를 다 하나님께 고한다. 이것은 백성의 죄를 이 염소에게 전가시킨다는 상징적인 행동이다. 죄를 다 고한 다음에는 이 염소를 광야로 데리고 나가 풀어놓는다. 그러면 염소는 온 백성의 죄를 다 지고는 사람들의 시야에서 사라지게 되는 것이다.

예수님께서 세례 받으러 나오셨을 때 세례 요한은 "보라 세상 죄를 지고 가는 하나님의 어린 양이로다"라고 고백했다. 이 사건은 예수님의 십자가 사건을 상징한다. 예수님이 십자가에서 죽으셨고, 그 죽음은 우리의 죄를 제거했다. 우리의 죄를 옮기신 십자가의 결과로, 우리에게 더 이상 죄가 남아있지 않다는 것을 의미하는 것이다.

하나님께서 이러한 제사를 통해서 죄의 용서함을 받으라고 하신 의미가 무엇이겠는가? 이 양은 예수 그리스도를 의미하는 것이며, 양의 죽음은 예수 그리스도의 죽음을 의미하는 것이다. 그리고 예수 그리스도는 바로 하나님 자신이다. 인간을 사랑하셔서 인간대신 죽어 주시기 위해 하나님이 몸을 입고 오셨다. 그 분이 바로 예수님이다. 그러면 이 사건의 의미가 무엇인가? "너희의 죄를 내가 해결하겠다, 그 무거운 짐을 내가 대신 지겠다, 그 짐을 내게 가져와라, 그 눈물을 내게 맡겨라, 그 고통을 내가 감당하마."라는 의미이다. 이는 곧 하나님께서 책임지시겠다는 것이다.

하나님은 우주의 재판관으로, 죄를 벌하시지 않을 수 없다. 그러나 하나님은 우리를 창조하신 분이시고, 우리를 지극히 사랑하시는 사랑의 아버지이시다. 우리 인간이 죄를 지었을 때, 사랑하는 자식을 벌하지 않을 수 없게 된 딜레마를 하나님은 십자가를 통하여 해결하셨다. 자식이 받아야 할 벌을 아버지가 대신 짐으로써 그 자식을 죄에게서 해방시켜주신 것이다. 아비가 자식을 불쌍히 여김같이······.

너무 사랑하셔서 대신 죽어주신 예수님

나는 하나님 아버지의 자식을 불쌍히 여기는 마음이 무엇인지, 아들을 통해서 느낄 수 있었다. 아들이 다섯 살 정도 되었을 때의 일이다. 나는 그때 교목으로 있었고, 집은 의정부에 있었다.

시내에서 조금 떨어진 변두리 아파트에서 살고 있었는데, 어느 겨울날 갑자기 아이가 배가 아프다면서 막 울기 시작했다. 배를 만져보니까 배가 돌처럼 딱딱했다. 나중에는 점점 우는 소리가 작아지더니 그만 까무라치면서 정신을 잃고 말았다. 얼마나 놀랐던지 들쳐 업고 병원으로 달려갔다. 한참을 달려가야 하는데 큰 길을 향해 가다가 너무 맘이 급해서 논바닥을 가로질러 달렸다. 그러면서 아이가 정신을 완전히 놓지 않게 하려고 계속 불렀다. "야, 셈아, 셈아~!" 하고 부르니까 아이가 공중을 가리키면서 "아빠, 저기… 저기… 거북이가 있어요."라고 한다. 헛것을 본 것이다.

그 순간 얼마나 가슴이 아프던지 내가 아들 대신 아플 수 있다면, 내가 아프고 아들이 건강할 수 있다면 얼마나 좋을까 생각했다. '하나님 제 아들을 제발 고쳐주십시오, 차라리 제가 대신 아프겠으니 이 아들을 고쳐주십시오.' 마음속으로 기도하면서 달렸던 기억이 난다. 다행히도 진찰해보니까 큰 병이 아니라 스트레스성 변비였다. 변비가 그렇게 무서운 것인지, 어린 아이도 그렇게 심한 스트레스를 받는지 그때 처음 알았다.

나는 내 아들을 사랑했기 때문에 대신 아파주고 싶었다. 그러나 나에게는 그런 능력이 없었다. 나의 능력은 제한되어 있었고, 그래서 아들 대신 아파줄 수 없었다.

하지만 하나님은 다르다. 하나님은 우리를 사랑하실 뿐만 아니라 전능하신 분이시기에, 우리를 대신해 아파주실 수도, 죽어주실 수도 있는 분이시다. 주님께서는 우리가 흘려야 할 눈물을 대신 흘려주셨다. 겟세마네 동산에서 땀방울이 핏방울로 변할 때까지 기도하셨다. 히브리서를 보면, 주님께서 통곡하셨다고 한다. 왜 그러셨는가? 주님께서 우리의 울음을 대신해 주심으로써 우리 눈의 눈물을 닦아주시려고 한 것이다. 십자가를 지시기 전 주님은 채찍을 맞으셨다. "패션 오브 크라이스트(Passion Of Christ)"라는 영화를 보면, 마지막 즈음에 쇳조각, 뼛조각이 달려 있어 한번 맞으면 살점이 떨어져나가는 살인적인 채찍이 나온다. 그 채찍을 맞으신 것은 우리에게 건강을 주시기 위한 것이었다. 또한 양손과 양발에 못이 박혀 십자가에 못이 박혀 죽으신 것은 우리에게 생명을 주시기 위함이었다.

아우슈비츠의 거룩한 죽음

1941년도 6월 31일 폴란드의 아우슈비츠에서 일어났던 사건이다. 우리가 잘 알듯이 히틀러는 폴란드에 포로수용소를 건설해 놓고 수많은 유태인들을 죽였다. 그때 유태인만 죽인 것이 아니고 폴란드 사람들도 많이 죽였다고 한다. 많은 사람들이 탈출을 시도했다. 거기서는 살아 있어도 너무 고통스러우니까, 이리 죽으나 저리 죽으나 마찬가지라는 마음을 먹고 죽기 살기로 탈출했다. 그런데 계속되는 탈출을 막을 길이 없자 그들은 규칙을 한 가지 만들었다. 그것은 한 사람이 탈출했을 때 남아 있는 사람 열 명을 죽인다는 것이었다.

어느 날, 요란스럽게 사이렌이 울리고 모든 사람들이 운동장에 모였다. 한 사람이 탈출했다는 것이다. 이제 남아있는 사람 중 열 명이 죽어야 했다. 사람들은 뜨거운 뙤약볕 아래 세워져 있었다. 사령관은 부하들을 이끌고 무거운 발걸음으로 뚜벅뚜벅 걸어가다가, 입가에 아주 싸늘한 미소를 지으면서 죽을 사람을 지적했다.

"너, 너, 너, 너, 너, 너……."

당신이 만약 그 사람들의 입장이었다고 생각해 보라. 얼마나 두렵고 떨렸겠는가? 그러다 사령관이 프란시스 게요니첵이란 사람을 가리키며 "너!"하고 지적했다. 그는 그 자리에 풀썩 주저앉았다. '내 불쌍한 아내와 아이들, 이제 나 죽으면 어떡하나.' 그는 쓰라린 눈물을 흘리면서 울었다. 너무나 안타까운 모습에, 동그란 안경을 쓰고 키가 작달만한 한 사람이 한 걸음 나와서 이렇게 말했다.

"저는 가톨릭 신부입니다. 저는 아내도 없고 아이도 없습니다. 그리고 이미 늙었습니다. 제가 저 사람 대신 죽겠으니 저를 대신 끌어가십시오."

사령관은 이상한 미소를 지으면서, "그렇게 죽는 게 소원이라면 그렇게 해! 좋아!"라고 말했다. 그 사람은 바로 맥시밀란 콜브라는 신부였고, 결국 그는 사십칠 세의 나이로 죽음을 당했다.

그리고 사십 년이 지난 후인 1982년 10월 12일, 로마 교황청에서는 이 신부의 죽음을 기리기 위하여 다시 한 번 장례식을 거행했다. 성 베드로 광장에 십오만 명이 모여서 성대한 장례식을 가졌는데, 그 장례식에는 프란시스 게요니첵의 아내와 아이들, 손자와 손녀들이 모두 참석했다. 그리고 그들은 떨리는 목소리로 이와 같이 고백했다.

"이 분의 죽음이 우리에게 생명을 주었습니다."

지금 우리도 그들이 했던 것과 똑같은 고백을 주님 앞에 해야 한다.

"우리 주 예수 그리스도의 죽음이 나에게 생명을 주었습니다. 이 생명은 내 것이 아니고 예수님의 것입니다. 예수님이 내게 생명을 주셨습니다."

이것이 우리의 가슴 떨리는 고백이어야 한다.

구원을 위해 해야 할 것과 할 수 있는 것

예수님께서 바로 우리를 위해 십자가에서 희생을 당하셨다. "그러면 우리가 구원을 받기 위해서는 무엇을 해야 할까?"라는 질문을 할 수 있다. 중요한 질문이다. 그렇지만 이 질문 속에는 두 가지 문제가 있다.

우선 구원을 받기 위해서는 내가 무엇을 해야 한다는 생각이 있고, 구원받기 위해서 내가 무엇인가를 할 수 있다는 생각이 있다. 그러나 당신이 구원받기 위해서 무엇을 할 수 있는가. 에베소서 2장 1절은 이렇게 말씀한다. "너희의 허물과 죄로 죽었던 너희를 살리셨도다"

죽은 자가 살아나기 위해서 무엇을 할 수 있는가? 무엇을 할 수 있다면 그 사람은 죽은 사람이 아니다. 죽은 사람이 살아나기 위해서 할 수 있는 것은 아무것도 없다. 우리 모두는 죄로 말미암아 죽은 존재라는 사실을 인정해야 한다. 내가 무엇을 했기 때문에 구원받은 것이 아님을 분명히 깨달아야 한다.

에베소서 2장 8절 말씀이다. "너희가 그 은혜를 인하여 믿음으로 말미암아 구원을 얻었나니 이것이 너희에게서 난 것이 아니요 하나님의 선물이라" 구원은 하나님의 선물이라고 말한다. 선물을 받기 위해서 우리가 무엇을 해야 하는가? 무엇을 해야 한다면, 무슨 값을 치러야 한다면, 그것은 선물이 아니다. 구원은, 믿음은 하나님의 선물이다. 그러므로 그것을 받기 위해서 무엇을 해야 할 필요가 없다. 그냥 감사하게 받으면 그만이다.

구원은 하나님의 선물

얼마 전에 아주 고마운 분이 조선족 복지 선교센터에 십오인승 밴을 선물했다. 그 분은 자동차 값을 지불하고, 등록세도 지불했다. 세금에, 보험료까지 다 지불했다. 조선족 복지센터에서는 단 한 푼도 내지 않고 차를 받았다. 그게 바로 선물이다. 만약 우리가 선물을 주면서 "이건 내가 선물로 주지만 세금은 당신이 내시오."라고 한다면 온전한 선물일 수 없다.

구원은 하나님의 선물이다. 이 사실을 우리가 분명히 깨닫고 알아야 한다. 중요한 것은 '내가 무엇을 해야 하는가? 나는 구원을 위해 무엇을 할 수 있는가?'의 문제가 아니다. 하나님이 나의 구원을 위해서 무엇을 하셨는가에 생각의 초점을 맞춰야 하는 것이다. 구원은 하나님의 일이다. 하나님이 이미 하신 일이다. 우리는 하나님이 우리를 구원하셨음을 깨닫고 받아들이기만 하면 된다.

그러면 하나님께서 우리를 구원하시기 위해서 무엇을 하셨는가? 에베소서 2장 4-5절 말씀이다. "긍휼에 풍성하신 하나님이 우리를 사랑하신 그 큰 사랑을 인하여 허물로 죽은 우리를 그리스도와 함께 살리셨고 너희가 은혜로 구원을 얻은 것이라"

그 큰 사랑, 이것이 무엇인가? 바로 십자가의 사랑이다. 우리 모두는 본질상 진노의 자녀이다. 욕심을 따르고 마귀를 따르고 세상 풍속을 따르던 자들이다. 우리가 지은 죄는 죽어 마땅한 죄이다. 여기서 죽는다는 것은 그냥 사라지는 게 아니라 지옥 불에서 영원히 고통받는 것을 의미한다. 이것이 우리가 지은 죄에 대한 당연한 보상이다. 그런데 하나님께서는 우리를 긍휼히 여기셨다. 우리를 불쌍히 여기시고 우리를 사랑하셔서 지옥 불에서 건져내려고 하셨다. 이를 위해 하나님께서는 외아들을 보내셨고, 예수님이 우리 죄를 다 담당하게 하신 것이다.

이 사실에 대해 이사야 53장 5-6절에서는 이렇게 기록하고 있다. "그가 찔림은 우리의 허물을 인함이요 그가 상함은 우리의 죄악을 인함이라 그가 징계를 받음으로 우리가 평화를 누리고 그가 채찍에 맞음으로 우리가 나음을 입었도다 우리는 다 양 같아서 그릇 행하여 각기 제 길로 갔거늘 여호와께서는 우리 무리의 죄악을 그에게 담당시키셨도다"

테 텔레스타이, 다 이루었다

예수님께서는 우리의 모든 죄악을 다 담당하셨다. 그리

고 십자가에서 "다 이루었다"고 말씀하시고 운명하셨다. '다 이루었다'는 말을 헬라어로 하면 '테 텔레스타이'이다. 물건 값을 다 치렀다는 것이다. 세금 고지서를 받았다면 세금을 다 지불했다는 것이고, 빚을 진 것이 있다면 그 빚을 다 갚았다는 것이다. 죄인이 있다면 자신이 받을 형벌의 값을 다 치렀다는 것이다. 지불이 완료되었으므로 더 이상 지불할 것이 남아 있지 않다. 당신이 죄를 지은 것은 사실이다. 그러나 그 죄값을 당신이 지불할 필요는 없다. 예수님이 이미 전부 지불하셨기 때문이다. 우리를 구원하기 위한 모든 대가를 예수님께서 십자가에서 지불하셨다는 것, 이것이 신앙의 기초이다. 여기에서 출발해야 한다.

종교개혁이 일어난 이유

왜 종교개혁이 일어나야 했는가. 무슨 잘못 때문이었는가. 초대 교회의 기독교인들은 박해를 받는 중에서도 성경을 중심으로 하여 신앙생활을 했다. 그러다가 AD 313년에 로마의 콘스탄틴 대제가 밀라노 칙령을 발표했다. 이제부터는 기독교를 믿어도 좋다고 선포한 것이다. 수많은 사람이 구름 떼처럼 교회로 몰려들었는데, 진리를 바로 깨닫지 못하고 교회를 다니는 사람들이 점점 많아졌다. 더 큰 문제는 성직자가 부와 권세와 명예를 한 손에 잡을 수 있다는 세속적인 야망 때문에 하나님께로 부름 받지 않았으면서도 성직자가 된 사람들이 많았다는 것이다. 그들을 통해 제대로 된 성도들이 양육될 리 만무하지 않은가. 성직자도 교인들도 성경을 제대로 모르고 신앙생활을 했다. 그 당시 성경은 라틴어로 되어 있었다. 설교도 라틴어로 했다. 그러니 라틴어를 모르는 사람은 그저 멍청하게 앉아 있다 갈 수밖에 없었다. 그림이나 조각 같은 것을 보고 대충 짐작으로 예수를 믿었다.

그 당시 교회 지도자들은 구원이 믿음과 선행으로 가능하다고 가르쳤다. 소위 신인 협력설을 가르쳤던 것이다. 하나님을 믿고 우리가 선행을 할 때 하나님과 우리가 서로 협력하여 구원을 이룬다는 것이다. 그럴듯하지만 만약 이것이 사실이라면 십자가는 불완전하다는 의미가 된다. 십자가만으로는 구원이 불가능하기 때문에 여기에 우리의 선행이 보태져야 한다는 것이다. 그렇다면 구원은 선물이 아니다.

이렇게 가르치면 믿음은 있지만 구원받지 못하는 사람들을 어떻게 할 것인가 하는 문제에 봉착할 수밖에 없다. 다시말해, 예수를 잘 믿는데 구원받기에는 선행이 조금 모자라는 사람들을 어찌해야 할 것인지의 문제이다. 어떻게 해야 하는가. 지옥에 보내야 하는가? 어떻게 지옥에 보낼 수 있는가, 그럼 천국에 보내겠는가? 천국에 가기 부족하다는데 말이다. 그래서 그들이 궁여지책으로 생각한 것이 연옥설이다. 예수를 믿지만 선행이 부족한 사람은 연옥에서 단련하고 훈련받은 다음에 천국으로 갈 수 있다고 가르쳤다. 성경에도 없고 말도 안 되지만 사람들은 성경을 잘 몰랐기 때문에, 그런가 하고 믿었다.

그런데 선행이 구원받기에 부족한 대부분의 사람과 달리 선행이 구원받고도 남을 만한 사람들도 있는데, 성모 마리아, 사도 바울, 사도 베드로 등 이런 훌륭한 성자들은 선행이 많기 때문에 구원받고도 남는다는 말이다. 그래서 하늘 창고에 잘 보관되어 있는 성자들의 공덕을 선행이 조금 모자란 사람들에게 주면 연옥에 가지 않고 바로 천국에 갈 수 있다고 가르쳤다. 이것이 바로 면죄부이다. 그리고 이 면죄부는 지상에서 예수님의 대리자인 교황이 마음대로 줄 수 있다고 가르쳤다.

처음에는 십자군 전쟁의 군인들에게 면죄부를 주었는데 아주 반응이 좋았다. 그래서 나중에는 돈을 받고 팔았다. 나중에는 산 사람에게 팔고 부족하니까 죽은 사람에게도 팔았다.

조상들이 연옥에서 고통 받을 때 후손들이 면죄부를 사주면 조상들의 영혼이 연옥에서 바로 천국으로 갈 수 있다고 했다. 수많은 사람들이 면죄부를 사기 위해서 아우성을 쳤다. 당시 비텐베르크 대학에서 교수 생활하던 마틴 루터가 이것을 보고 '이것은 아니다, 절대로 바르지 않다.' 고 생각하여, 성경적으로 토론해 보자며 비텐베르크 성당 앞에 구십오개 조 선언문을 내걸었고, 그것이 바로 종교 개혁의 시발점이 되었다. 왜 종교개혁이 일어나야 했는가. 십자가만으로 충분하다는 기초 위에 믿음의 집을 짓지 못했기 때문이다.

'하나님의 의'로 사탄의 공격을 막으라

사탄은 오늘 이렇게 우리를 공격해 올 것이다.

"아무개 장로야, 권사야, 집사야, 너 기독교인 맞니? 너 그 따위로 예수 믿어서 구원받겠니? 너 거짓말했잖아? 앞으로 거짓말하지 말아야지. 너 기도도 안했잖아? 앞으로 기도 열심히 해야지. 너 사랑을 행하지 못했잖아. 그렇지? 앞으로 선행을 실천해야지."

그런데 그렇게 '내가 기도해야지, 내가 사랑해야지.' 하는 생각이 들면 관심이 나에게로 집중된다. 그러는 순간 예수님과는 멀어지는 것이다. 집이 기초 위에 뿌리를 박아야 하는데, 기초와 집이 분리되는 것이다. 사탄이 노리는 것이 바로 이것이다. 사탄은 우리를 더 기도하게 하려고, 더 선행하게 하려고 그렇게 말하는 것이 아니다. 우리의 관심이 예수님께로부터 더 멀어지고 우리와 예수님을 분리시키기 위해 자꾸 이런 질문을 하는 것이다. 이 때 내 자신의 의로 사탄에 대항해서는 백전백패할 수밖에 없다. 하나님의 의로만 막아야 한다. 로마서 1장 17절 말씀이다. "복음에는 하나님의 의가 나타나서 믿음으로 믿음에 이르게 하나니 기록된바 오직 의인은 믿음으로 말미암아 살리라"

누구의 의로? 바로 '하나님의 의' 이다.

예수님도 잊으신 죄를 왜 기억하는가

D. L. 무디에게 한 청년이 와서 고백했다.

"목사님, 저는 예수님을 믿습니다. 그런데 전에 지은 죄를 다 회개했는데도 또 그 죄가 기억나서 괴롭습니다. 저는 정말 죄인입니다. 이 죄를 어떻게 해야 합니까?"

그러자 무디는 이렇게 물었다.

"자네 예수 믿는 사람 맞는가?"

"네, 맞습니다."

"그럼 예수님의 십자가의 피로 자네의 모든 죄가 용서함 받았다는 것을 믿는가?"

"예, 믿지요."

그 때 무디가 버럭 화를 내며 호통을 쳤다.

"그렇다면 예수님이 잊으신 죄를 왜 자네가 기억하고 있는가? 예수님께서 이미 용서하셨다는데 왜 용서가 안 되었다고 생각하는가?"

그제야 청년은 그 호통을 듣고 "정말 그러네요." 하고 돌아갔다.

사탄은 용서받지 못했다고 말한다. 사탄은 너희 죄가 얼마나 큰지 보라고 말한다. 그 때 사탄에게 속으면 안 된다. 즉시 우리의 관심을 나 자신과 내 죄로부터 십자가로 돌려야 한다. 사탄이 "너 이런 죄 지었지?" 하면서 공격하면 "그래, 다 사실이야."라고 우선 수긍하라. 영어 문장에서 But(그러나)이 나오면 그 이후의 이야기가 진짜다.

"내가 많은 죄를 지은 것은 사실이다. But(그러나), 예수 그리스도께서 십자가에서 이 모든 죄 값을 다 담당하셨으므로 나의 모든 죄는 이미 용서받았다. 나는 십자가의 사랑과 능력을 믿는다."

이렇게 고백하는 순간 마귀가 한 길로 왔다가 일곱 길로 도망간다. 내 의를 내세우면 사탄이 자꾸 집요하게 공격해 오지만 십자가를 내세우면 사탄이 도망간다.

예수님의 영광을 위한 삶

이제 우리의 응답은 어떠해야 하는가? 십자가의 사랑과 능력으로 구원받았으니, 이제 어떻게 해야 하는가. 이제는 예수님의 영광을 위해서 살아야 한다. 죽은 자가 살아났고, 우리는 선물을 받았다. 여기에 살아난 자가, 선물 받은 자가 자랑할 것이 있는가? 무언가 내게 자랑할 것이 있다고 생각하면, 그래서 '다른 사람보다 내가 낫지.'라는 생각이 들면 기초가 잘못된 것이다. 자랑할 수가 없다. 죽었던 자가 살아났는데 자랑할 게 어디 있는가. 선물로 받았는데 무엇이 자랑할 게 있는가. 그러므로 모든 영광은 주님께서 받으셔야 마땅한 것이다.

부천의 모 초등학교에 노문왕 선생님이라는 분이 있다. 이 분은 줄담배를 피우고 통술을 마시는 분이다. 그 초등학교에서 교사 술 마시기 대회를 하면 대표 선수로 나올 정도이다. 그런데 이 분에게 예수 잘 믿는 누님이 있었다고 한다. 누님이 삼 년 동안 동생을 전도하려고 기도로 매우 애를 썼는데 동생은 말을 듣지 않았다. 하다하다 안 되니 나중에 최후의 수단으로 "이번 주일에 딱 한 번만 교회 가서 예배드려라. 그러면 다시는 예수 믿으라고 하지 않을게."라고 했다. 그러자 동생이 "진짜지요? 그럼 한 번만입니다."라고 하면서 교회에 갔다.

그런데 그 날 예배에서 들은 목사님 설교 말씀이 자기에게 주는 말 같이 느껴졌다. 그 말씀이 자신의 심장을 찌르고 자기도 모르게 두 눈에서 눈물이 줄줄 흐르는 게 아닌가. 첫 예배에 참석해서 그는 예수님을 만났다. 새사람이 된 것이다. 그리고 보니 너무나 기쁘고 감사한 마음이 들었다.

'내가 그냥 있을 수는 없다, 고마우신 예수님께 뭔가 해드리고 싶다, 어떻게 해야 예수님을 기쁘게 할 수 있을까? 어떻게 예수님께 영광을 돌릴 수 있을까?' 고민하다가 그래, 나는 교사니까 내가 가르치는 학생들에게 주님의 복음을 전하자, 예수님을 전하자 결심했다. 그래서 아이들에게 "아홉 시부터 수업이지만 우리 반은 내일부터 여덟 시까지 와라."하고 말했다. 아이들은 여덟 시까지 등교했다. 아이들과 같이 운동장을 몇 바퀴 뛴 다음 교실에 모여 찬송을 부르고 기도하고 예배 드리고 성경을 가르쳤다. 처음에는 동료 교사들, 학부모들로부터 반발이 빗발치듯 몰려왔다. 여기는 학교지 교회가 아니라고 비난도 했다.

그런데 몇 달이 지나자 이런 비난들이 잠잠해졌다. 왜냐하면 학생들이 변화하기 시작했기 때문이다. 늦잠꾸러기들이 일찍 일어나고, 부모님 말씀에 불순종하던 아이들이 부모님께 순종했다. 어머님을 잘 도와드리고 공부도 열심히 하고, 아이들이 몰라보게 바뀌었다. 그러자 부모들은 노 선생님의 교육 방법에 찬성하며 성경을 가르치든 예배를 드리든 상관하지 않을 테니 아이들을 잘 가르쳐 달라고 부탁하기 시작했다. 그래서 지금 노 선생님은 기쁨으로 아이들을 가르치고 있고, 부천 교육자 선교회의 총무일도 잘 감당하고 있다. 노 선생님이 구원받기 위해 일한 것인가? 그렇지 않다. 그는 구원받았기 때문에 한 것이다. 노 선생님이 위대한 것인가? 아니다. 술고래를 모범 교사로 만드신 주님이 위대한 것이다.

당신은 당신의 자랑거리가 있는가. 그것은 당신의 것

이 아니고 당신을 그렇게 만드신 주님의 것이다. 그러므로 모든 영광을 주님께 돌려야 마땅하다. 우리가 애써 전도하고 애써 기도하고 선행하는 것은 나를 내세우기 위해서가 아니라 나를 위해 죽어주신 예수 그리스도를 높이기 위해서이다. 이것이 신앙의 기초 위에 바로 선 신앙인의 올바른 모습이다. 진정한 개혁이 내 마음 속에 임하여 나 중심의 신앙생활에서 예수 중심의 신앙생활로, 십자가 중심의 신앙생활로 바뀌기를 간절히 바란다.

2장
마음으로 믿고 입으로 고백하라

네가 만일 네 입으로 예수를 주로 시인하며 또 하나님께서 그를 죽은 자 가운데서 살리신 것을 네 마음에 믿으면 구원을 얻으리니 사람이 마음으로 믿어 의에 이르고 입으로 시인하여 구원에 이르느니라 (롬 10:9-10).

형제들아 신령한 것에 대하여는 내가 너희의 알지 못하기를 원치 아니하노니 너희도 알거니와 너희가 이방인으로 있을 때에 말 못하는 우상에게로 끄는 그대로 끌려 갔느니라 그러므로 내가 너희에게 알게 하노니 하나님의 영으로 말하는 자는 누구든지 예수를 저주할 자라 하지 않고 또 성령으로 아니하고는 누구든지 예수를 주시라 할 수 없느니라 (고전 12:1-3).

정말 알아야 할 모든 것은 유치원에서 배웠다

목사이고 인기 작가이며 철학자이기도 한 로봇 풀검은 『내가 정말 알아야 할 모든 것은 유치원에서 배웠다』라는 긴 제목의 책을 썼다. 작가는 새해를 맞이하면 새해 신조를 쓰는 습관이 있었다. 처음에는 꽤 길게 썼으나 해가 갈수록 점점 신조가 짧아졌고 나중에 그 내용을 살펴보니 결코 어렵고 복잡한 내용이 아니었다. 그리고는 유치원에서 배웠던 가장 단순한 소박한 진리들이 성공적인 인생을 사는 데 있어서 중요한 진리가 된다는 사실을 깨달았다. 작가는 이렇게 말한다.

"지혜란 산꼭대기에 있는 것이 아니라 유치원의 모래성

속에 있는 것이다." 예를 들어 "무엇이든 나누어 가지라, 남의 물건에 손대지 말아라, 남의 마음을 상하게 했을 때에는 미안하다고 해라, 밖에 나갈 때는 차 조심하고 손을 꼭 잡고 서로 의지해라." 이런 내용들이다. 이 내용을 모르는 사람들은 없겠지만, 이것을 제대로 지키는 사람이 많지 않아 불행해지고 문제가 생긴다.

박사학위가 여러 개 있고 오 개 국어에 능통한 사람이 있었다. 국가의 연구기관에 연구원으로 발령이 나자 너무 기뻐서 인도도 아닌 곳에서 무단 횡단하다가 교통사고로 죽고 말았다. 그 많은 지식, 그 많은 외국어보다도 더 중요한 것은 길 건널 때 차 조심하는 일이다. 우리는 가끔 고위 공직자들이 국회의 인준동의를 받지 못하는 경우들을 본다. 그 이유가 무엇인가. 학력이 부족해서인가, 국정 통솔 능력이 부족해서인가. 그런 것들이 아니고 유치원이나 초등학교 때 배우는 기본적인 것들을 지키지 않는 인물이기 때문이다.

신앙생활도 마찬가지이다. 오묘한 성경 구석구석에 있는 지식들을 모르기 때문이 아니다. 가장 기본적인 진리를 그대로 믿고 따르지 못하기 때문에 신앙생활에 진보가 없는 것이다. 예수를 잘 믿을 수 있는 방법은 간단하다. 예수를 처음 믿었을 때 배웠던, 전도 받았을 때 배웠던 그 진리를 굳게 믿고 붙들며 살아가는 것이다.

나는 죄인이다

신앙생활의 ABC, 가장 중요한 기본 진리가 무엇인가? 로마서 5장 6-8절에는 다음과 같이 나와 있다.

"우리가 아직 연약할 때에 기약대로 그리스도께서 경건치 않은 자를 위하여 죽으셨도다 의인을 위하여 죽는 자가 쉽지 않고 선인을 위하여 용감히 죽는 자가 혹 있거니와 우리가 아직 죄인 되었을 때에 그리스도께서 우리를 위하여 죽으심으로 하나님께서 우리에게 대한 자기의 사랑을 확증하셨느니라"

이 말씀 속에 나타나는 가장 중요한 신앙의 기본명제는 바로 "우리는 죄인"이라는 것이다. 보다 실존적으로 표현하면 "나는 죄인"이라는 것이다. 당신 스스로가 죄인이라 생각하는가. 나는 죄인이 아니라고 하는 사람은 예수 믿는 사람이 아니다. 예수님은 죄인을 부르러 오셨고 예수님은 죄인을 위하여 십자가에 못 박혀 죽으셨기 때문이다.

"나는 죄인이다." 예수를 처음 믿을 때 우리 모두 그렇게 고백했다. 그런데 목사가 되고, 장로가 되고, 집사가 되면서 어느 틈에 '나는 목사다, 장로다, 권사다, 집사다.' 그런 의식만 있고 '나는 죄인'이라는 생각을 잊고, 대우받지 못한 것에 대한 섭섭함을 가지게 된다. 이 모든 것이 내가 죄인임을 잊었기 때문에 일어나는 일이다.

마태복음 20장에 보면 포도원 품꾼의 비유가 나와 있다. 포도 수확철이 되어 농장의 주인은 장터에 있는 일용 근로자 중 덩치가 크고 힘이 세 보이는 사람들을 먼저 자기 농장으로 데려갔다. 때문에 체격이 야위고 마른 사람들은 자연히 일거리를 찾지 못하고 있었다. 오전 아홉 시, 한 농장의 주인이 시장에서 놀고 있는 사람들을 발견하고 농장에 데려왔다. 열두 시에도 시장에 가보니 놀고 있는 사람들이 또 있어서 농장에 데려다 일을 시켰다. 그리고 오후 세 시와 오후 다섯 시에도 그렇게 했다. 그러다 품삯을 줄 오후 여섯 시가 되었다. 각자 농장에 도착해서 일한 시간이 다르니 일찍 온 사람들은 자기는 품삯을 더 받으리라 기대했다. 그러나 주인은 모든 사람에게 한 데나리온씩을 주었다. 그러자 아침 일찍 온 사람이 나중에 온 사람들은 한 시간 밖에 일하지 않았는데 하루 종일 일한 우리와 동등하게 품삯을 주는 것은 부당하다고 불평하였다. 하지만 사실 이들의 불평은 부당한 것이다. 왜냐하면 그들은 시장에서 일거리가 없어서 놀고 있던 자신의 처음 모습을 잊고, 빈약하고 힘이 없는 자신들에게 온전한 하루의 품삯을 준 주인의 은혜를 잊어버렸기 때문이다.

동일한 실수가 우리에게도 있을 수 있다. 우리는 구원 받을 자격이 없는 지옥에 떨어져야 마땅한 자들이지만, 예수 믿고 구원 얻는, 천국에 갈 수 있는 귀한 은혜를 입었다. 하나님의 자녀 되는 귀한 은혜를 주셨다. 이것은 내가 잘나서가 아니라 하나님이 베풀어 주신 은혜 덕분이다. 포도원의 일꾼은 한 데나리온을 내가 일해서 받는 정당한 대가라고 여기고 불평을 했던 것이지만, 사실 그것은 품삯이 아니었다. 그것은 주인이 베푼 은혜였다. 내가 소유하고 있는 모든 것이 내가 성실했기 때문에, 내가 정직했기 때문에 누리는 것이라 생각할 때 불평이 생기게 된다. 나는 무능한 자요, 악한 죄인인데 하나님의 은혜로 오늘의 내가 되었다고 고백할 때 모든 불평과 불만이 사라지게 된다.

사도 바울은 참 험난한 인생을 살았다. 많은 위험을 당했고, 억울한 그런 사건을 당한 것이 한두 번이 아니었다. 그런데도 사도바울의 마음속에는 기쁨이 있었고 감사가 넘쳤다. 그리고 항상 기뻐하고 범사에 감사하라고 사랑하는 성도들에게 권면하기도 했다. 그는 죄인으로서 구원받고 하나님의 일 꾼된 그 은혜에 늘 감격하며 살고 있었기 때문이다. 사람들이 나를 악평하는 말보다 나는 그 이상으로 악한자라는 사실을 인정하면 화낼 이유도 없고, 단지 내가 그리스도인이라는 사실이 과분하게 느껴질 것이다. 이런 고백이 있을 때 모든 교만과 불평불만으로부터 해방된 삶을 살 수 있다.

은혜는 무자격자에게 주시는 사랑

로마서 5장 8절에는 "우리가 아직 죄인 되었을 때에 그리스도께서 우리를 위하여 죽으심으로 하나님께서 우리에 대한 자기의 사랑을 확증하셨느니라"고 기록하고 있다. 예수님이 내가 너무 선하기 때문에 날 위해 죽으신 것이 아니라 죄인 되었을 때에 죽어주신 것이다. 사랑 받을 자격 없는 무자격자에게 주신 사랑을 가리켜서 은혜라 하는 것이며, 바로 이 은혜를 깨달을 때 우리 가슴에 감격과 기쁨이 생긴다.

한 부인이 R. A. 토레이 목사님을 찾아와서 상담을 한 적이 있었다.

"목사님, 저는 좀 더 예수님을 잘 믿고 싶습니다. 화끈하게 예수님을 잘 믿고 싶습니다. 그런데 은혜가 잘 오지 않습니다. 어떻게 하면 제가 은혜를 받을 수 있을까요?"

이때 토레이 목사님이 해주신 조언은 "다른 기도제목은 잠시 미루시고 한 가지만 기도하십시오. '하나님 나 자신을 알게 해 주십시오. 나 자신을 바로 보게 해 주십시오.' 응답 받을 때까지 이 기도만 하십시오."

이 여인은 목사님의 말씀을 그대로 순종하고 그대로 기도했다. "하나님, 나 자신을 바로 알게 해 주십시오. 나 자신의 정직한 모습을 바로 보게 해 주십시오."

며칠 후 그 기도의 응답이 왔다. 하나님의 영광의 빛 가운데 있는 자신의 모습을 보여 주시는데 그 모습이 얼마나 더럽고 추한지 시기와 질투와 교만과 갖가지 거짓으로 가득한 모습을 바라보니 부끄러워 견딜 수가 없었다. 자신의 실상을 깨달았을 때 남편 앞에서, 자식 앞에서 머리를 들 수가 없었고 부끄러워 살 수가 없었다. 그래서 목사님에게 다시 가서 이야기했다.

"목사님, 하나님께서 제 본 모습을 보여 주셨습니다. 난 예수 믿은 심령이 되어서 이제 거룩하고 깨끗한 줄 알았는데, 뭔가 된 줄 알았는데 너무나도 더럽고 추한 제 모습을 보고 부끄러워서 견딜 수가 없습니다."

그때 토레이 목사님은 "그렇다면 이제는 '하나님 십자가의 은혜를 깨닫게 해 주십시오.' 라는 두 번째 기도를 하십시오." 라고 권했다.

그 여인은 다시 "하나님 십자가의 은혜를 깨닫게 해 주십시오. 십자가의 그 사랑을 깨닫기 원합니다." 하고 간절히 기도했다. 며칠 후 그 기도의 응답이 왔다. 십자가에 높이 달리신 주님의 모습이 보였다. 양 손과 발에 붉은 피를 흘리며 주님께서 그 여인에게 말씀하셨다.

"내가 너의 죄를 인하여 이렇게 죽느니라. 내가 이처럼 너를 사랑하느니라. 나의 피로 너의 모든 죄가 깨끗하게 용서함을 받았느니라." 그 순간 여인은 깊은 은혜를 받았다. 그 후 새로운 삶을 살게 되었다.

주님께서 우리가 죄인 되었을 때 우리 대신 죽으시고 우리에게 영원한 천국을 주셨다는 사실을 잊어서는 안 된다. 하나님께서는 당신을 사랑하신다. 십자가가 바로 그 증거이다. 십자가의 사랑을 확증으로 가진다면 더 이상 우리의 삶 속에 염려나 불평이 있을 수가 없다. 하나님께서 나를 사랑하신다. 이것만 분명히 깨달아지면 우리 마음속에 잔잔한 기쁨이 가득 차게 된다.

로널드 레이건의 선물

2004년 6월 11일에 로널드 레이건 전 미국 대통령의 장례식이 있었고, 얼마 후 타임지 표지에 레이건 대통령의 얼굴이 나왔다. 그는 영원한 낙관주의자로, 냉전체제를 종식시킨 자로 많은 사람의 사랑과 존경을 받았던 지도자이다. 정치 · 경제적으로 많은 해석이 있겠지만 이 사람은 우리에게 중요한 선물을 주고 갔다. 그 선물의 목록을 공개한다.

이 사람은 아흔 세 살까지 살았다. 상당히 장수했는데, 장수한 사람도 죽는다는 것을 가르쳐 주었다. 그는 상당히 미남이었다. 그러나 미남도 죽는다. 인기가 있었고 권세가 있었고 부자였다. 인기 있는 자도, 권세 있는 자도, 부자도 죽는다는 것을 우리에게 가르쳐 주었다. 그리고 자신만 죽는 것이 아니라 우리도 죽는다는 것을 가르쳐 주었고, 우리에게 죽음을 준비하라는 선물을 주고 갔다. 이 선물을 받겠는가?

레이건에게만 끝이 있는 것이 아니고 우리에게도 끝이 있다. 하지만 많은 사람이 그에 대한 준비는 소홀히 한다. 전도를 해 보면 "우리 같은 사람은 먹고 살기 바빠서 예수 믿을 틈이 없어요."라고 말한다. 얼핏 들으면 말이 되는 것 같기도 하지만 잘 생각해 보면 그렇지 않다. 왜냐하면 그것은 먹고 사는 것이 아니라 먹고 죽는 것이기 때문이다. 당장만 보면 먹고 사는 것 같지만 결국은 먹고 죽는다. 사는 것보다 더 중요하고 더 근본적인 문제가 죽는 문제라는 이야기다.

두 종류의 불신자

이 세상에는 두 종류의 불신자가 있다. 교회 밖에 있는 불신자, 그리고 교회 안에 있는 불신자이다. "아니, 원 세상에 교회 안에 무슨 불신자가 있겠습니까?"라고 생각할 수도 있다. 하지만 주님께서는 교회 안에 불신자가 있을 수 있다는 강력한 경고의 비유를 우리에게 주었다. 소위 '열 처녀의 비유'가 그것이다. 열 명의 처녀가 다 혼인 잔치 집에 모여서 신랑을 기다리고 있었다. 모두 등을 들고 있었고 그 속에 기름이 있다고 생각했다. 그러나 신랑이 왔을 때 다섯 명의 처녀는 등만 갖고 있었고 기름이 없었기 때문에 혼인 잔치 집에 들어갈 수가 없었다. 교회에 다니니까, 등록 했으니까, 헌금도 하고 찬송도 하니까 내가 기독교인이겠거니 생각할 수 있지만, 이 속에 참 믿음이 있는가, 형식과 함께 내용이 있는가가 중요하다. 기독교인의 형식과 함께 기독교인의 내용인 참 믿음이 내게 있는가를 확인하고 또 확인해야 한다.

알아야 믿을 수 있고, 들어야 알 수 있다

우리가 참된 믿음을 가지기 위해서는 믿음이 무엇인지 알아야 한다. 로마서 10장 9-10절 말씀이다. "네가 만일 네 입으로 예수를 주로 시인하며 또 하나님께서 그를 죽은 자 가운데서 살리신 것을 네 마음에 믿으면 구원을 얻으리니 사람이 마음으로 믿어 의에 이르고 입으로 시인하여 구원에 이르느니라"

마음으로 믿고 입으로 고백해서 구원을 받는다. 마음은 무엇을 뜻하는가? '카르디아' 라는 이 헬라어 본문의 뜻은 '지성과 의지의 좌석' 이다. 다시 말해 믿음은 분명한 지식과 함께 그 지식에 근거한 결단이 있어야 한다는 것이다.

예를 들어 보자. 내가 지금 배를 타고 있는데 그 배에 구멍이 나서 가라앉고 있다. 난파선이다. 나는 지금 그것을 모른 채 그 배가 안전한 줄 알고 있다. 그런데 구조선이 다가온다. "당신이 타고 있는 배는 밑에 구멍이 나 있습니다. 난파중입니다. 빨리 이배로 옮겨 타십시오."라고 소리친다. 그렇다면 적어도 내가 타고 있는 배가 난파선이고 저 배가 구조선이라는 사실을 알아야 옮겨 탈 것 아닌가? 그것을 모르고 옮겨 타지는 않을 것이다. 먼저 분명한 지식이 있고, 그 지식에 근거해서 옮겨 타는 결단의 행위까지 있어야 비로소 그 사람은 살 수 있는 것이다.

예수를 믿으려면 '나는 죽을 수밖에 없는 죄인'이라는 사실을 알아야 한다. 그리고 '예수만이 구원의 길'이라는 사실을 알아야 한다. 어떻게 알 수 있는가? 들어야 알 수 있다. 들어야 지식이 생긴다. 그래서 로마서 10장 17절에서는 "믿음은 들음에서 나며 들음은 그리스도의 말씀으로 말미암는다"고 말하고 있다. 구원받기에 꼭 필요한 지식을 성경을 통해서 우리가 들을 수 있는 것이다. 그러므로 구원받기 위해서는 성경이 필요하다. 여기에 반드시 더해져야 할 내용이 있는데, 그것은 바로 성령의 역사이다. 성경이 성경대로 있다면 그저 옛날 책, 그냥 고전에 불과할 것이다. 그러나 여기에 성령의 역사가 가미되면 오늘 내게 주시는 하나님의 말씀이 된다. 그래서 구원을 받으려면 성경을 읽어야 하고 성경을 선포하는 설교를 들어야 한다. 그리고 여기에 성령의 역사가 가미되어야 한다.

성경 읽어주는 아르바이트

예수를 잘 믿고 전도를 열심히 하던 할머니가 그만 병이 나서 병원에 입원하게 되었다. 입원하게 된 것은 그리 큰 불만이 아니지만 전도를 할 수 없다는 것이 무척 안타까웠다. 그래서 하나님께 기도했다.

"하나님, 제가 지금 병원에 입원해서 전도할 수 없는데 어떻게 하면 좋겠습니까? 전도할 수 있도록 지혜를 주십시오."라고 했더니 하나님께서 좋은 방법을 알려주셨다.

할머니는 예수를 믿지 않는 학생들 중에서 아르바이트생을 모집했다. 그리고는 "내가 지금 무척 성경을 읽고 싶은데 성경을 읽을 수 없으니 자네가 내 대신 성경을 읽어주게. 그러면 내가 돈을 주겠네. 식당이나 편의점에서 일하는 것보다 후하게 줄 테니까 성경 읽는 아르바이트 한번 안 해 보겠나?" "아 좋지요!" 이렇게 아르바이트생을 고용하고는 신약부터 쭉 성경을 읽어나가게 했다. 마음속으로는 '하나님, 이 학생이 성경을 읽을 때 성령께서 역사하셔서 감동과 감화가 있게 해 주십시오. 구원의 역사가 일어나게 해 주십시오.' 라고 간절히 기도하면서 성경을 쭉 들었다.

그러다가 중요한 구절이 나온다. 바로 요한복음 3장 16절 말씀이다. "하나님이 세상을 이처럼 사랑하사……." 읽어나가는데 별로 감동이 없는 것 같다. 그러면 "뭐라고? 잘 안 들려!"하면서 다시 읽게 했다. "하나님이 세상을 이처럼 사랑하사……." 사도행전 16장 31절의 "주 예수를 믿으라 그리하면 너와 네 집이 구원을 얻으리라" 같은 부분은 몇 번을 반복시켰다.

그렇게 몇 주간 하고 나니까 그 학생이 예수를 믿겠다고 했다. 할머니 앞에서 "저 예수 믿고 싶습니다."라고 고백했다. 그래서 예수를 주님으로 영접하는 영접기도를 하게 하고 후한 장학금을 주어서 보냈다. 그리고 또 다른 학생을 고용해서 아르바이트를 시켰다. 이렇게 해서 일 년 동안 열 명의 학생에게 전도를 했다.

구원 받으려면 말씀의 역사와 성령의 역사가 일어나야 한다. 말씀을 들어야 믿음이 생긴다. 교회 와서 예배를 드린다는 것은 말씀을 들을 수 있는 절호의 기회이다. 그런데 어떤 사람은 교회에 오기는 하지만 설교만 시작되면 바로 졸기 시작한다. 반드시 피곤해서 그런 것만은 아니다. 말씀을 못 듣게 방해하려는, 구원을 방해하려는 사탄의 역사가 있기 때문이다. 그런 사람을 위해서는 가족이나 구역식구나 옆에 있는 다른 사람이 기도해 주어야 한다. 그래서 성령이 역사하면 그 시간의 말씀이 자신에게 주는 말씀으로 들린다. 목사님께서 선포하는 저 말씀이 내게 주시는 하나님의 말씀이라고 생각하면 졸릴 리가 없다. 나와는 상관없는 소리라고 생각하기 때문에 졸리는 것이다. 그러려면 교회는 왜 다니는가? 교회에 나가야 마음이 편해서? 그냥 마음 편하자고 교회 다니는 것이 아니다. 예수를 믿기 위해서 교회를 다니는 것이다. 교회에 다니지만 예수 믿지 않는 사람이 있을 수 있다. 종교적인 형식을 믿음으로 착각해서는 안 된다.

아주 가까운 친척 중 한 사람이 예수를 열심히 믿었다. 여전도회 회장까지 할 정도였다. 그런데 지금은 교회를 다니지 않는다. 이때 보통 시험이 들었다고 말하는데, 믿음이 있었지만 시험에 든 경우에는 다시 회개하고 돌아올 수 있지만 애당초 믿음이 없다면 돌아오지 않을 수도 있다. 열심히 새벽기도 나가고 헌금도 잘 하니까 믿음이 좋아 보여 여전도회 회장까지 맡았는데 실상 믿음이 없었을 수도 있다는 것이다.

마음으로 믿고 입으로 고백하는 것

그렇다면 대체 믿음이 무엇인가. 어떻게 해야 참 믿음을 가질 수 있는가. 참 믿음을 가질 수 있는 방법은 바로 마음으로 믿고 입으로 고백하는 것이다. 이것이 중요하다. 마음으로 믿기 위해서는 지식이 있어야 한다. 예수 믿기 위해서 반드시 필요한 지식이 있다. 앞으로의 이야기는 당신이 다른 사람에게 이 내용을 설명하고 전해 줄 수 있어야 한다. 내용을 완전히 숙지해서 언제 누구를 만나든지 증거할 수 있어야 한다.

사랑과 자유

하나님은 사랑이시다. 사랑은 사랑의 대상을 필요로 한다. 그래서 하나님께서는 천하 만물을 사랑의 대상으로 만드셨다. 그런데 사랑은 주는 것으로 만족할 수 없다. 사랑을 하면 사랑을 받고 싶기 마련이다. 하나님은 사랑하시기를 원하시는 동시에 사랑받기를 원하셨다. 그래서 특별히 인간에게 사랑할 수 있는 능력을 주셨고, 하나님과 사랑을 주고받을 수 있는 존재가 될 수 있도록 하나님의 형상대로 만드셨다.

그런데 사랑할 수 있는 능력을 가지기 위해서는 자유가 있어야 한다. 자유가 없이는 진정한 사랑이 있을 수 없기 때문이다. 녹음기에 대고 "나는 당신을 사랑합니다."라고 말하면 다르게 말할 재주가 없는 녹음기에서는 "나는 당신을 사랑합니다."라는 말이 나온다. 하지만 그 말을 듣고 우리가 사랑을 느낄 수 있는가? 느낄 수 없다. 자유가 있는 상태에서 "나는 당신을 사랑합니다."라고 해야 사랑의 고백이 될 수 있는 것이다. 그래서 하나님께서는 인간에게 자유를 주셨다.

그런데 그 자유에는 하나님을 사랑하지 않을 수도 있는 자유까지 포함된다. 성경에 나오는 선악과가 무엇이겠는가? 선악과는 바로 하나님을 사랑하는지, 아니면 사랑하지 않는지 알 수 있게 하는 시금석이다. 하나님께서 주신 자유를 활용할 수 있는 기회이다. 하나님은 "이것은 따먹지 마라. 따먹으면 정녕 죽으리라."고 하셨다. 하나님을 사랑한다면 따먹지 않을 것이고, 따먹는다면 사랑하는 것이 아니다. 그런데 불행하게도 우리 인간의 대표격인 아담과 하와는 마귀의 꾐을 받았다. "그것을 따먹으면 하나님처럼 될 수 있다."는 말에 그만 따먹고 만 것이다.

이것은 무엇을 의미하는가? 자유를 사용하여 하나님을 사랑하지 않기로 결정한 것이다. 그래서 하나님과 인간의 사랑의 관계가 깨어져 버렸다. 인간은 하나님과 영원한 헤어짐의 상태에서 고생하며 살다가 지옥에 떨어져야 하는 안타까운 존재가 되어버리고 말았다. 모든 피조물 가운데서 가장 불

행한 존재가 된 것이다. 가장 영광스럽던 존재가 일순간 가장
비참한 존재가 되어 버렸다.

두번째 기회

중요한 것은 그럼에도 불구하고 하나님이 인간을 사랑하
셨다는 것이다. 그리고 하나님은 인간에게 두번째 기회를 주
시기로 작정하셨다. 사탄에게는 주시지 않은 두번째 기회를
인간에게는 왜 주신 것일까? 사탄은 스스로 타락한 피조물이
다. 그렇기 때문에 다시 기회를 주어보았자 의미가 없다.

그러나 인간은 유혹을 받아서 타락한 것이다. 정말 진심
으로 나를 싫어한 것인지, 아니면 그만 속아서 잠깐 실수한 것
인지. 실수한 것이라면, 다시 회개하고 빌면 용서해 주겠다고
생각하신 것이다. 다시 사랑의 관계를 회복하겠다는 말이다.

십자가는 나를 위한 죽음

그런데 두번째 기회를 주기 위해서는 이미 지은 죄에 대
한 죄값이 치러져야 한다. 이 사실을 잘 깨닫게 하기 위해서
하나님께서는 구약에 호세아서라는 선지서를 주셨다.

하나님께서 호세아에게 고멜과 결혼하라는 명령을 내린

다. "아니, 하나님. 그 여자는 행실이 별로 좋지 않은 여자인
데……." 그렇지만 하나님이 고멜과 결혼하라고 명령하셨기
때문에 고멜을 아내로 맞이했다. 자녀를 몇 명 낳고 행복하게
살았다. 그런데 어느 날 아내가 딴 남자와 눈이 맞아서 도망을
쳤다. 그러자 하나님께서는 호세아에게 가서 아내를 도로 찾
아 데려오라고 하셨다. 찾아보니 아내는 어떤 집에 종으로 팔
려서 종살이하고 있었다.

종으로 팔린 아내를 자기 아내라고 해서 그냥 데려 올 수
있을까? 아내를 다시 자신의 아내로 삼기 위해서는 몸값을 지
불해야 했다. 호세아가 몸값을 지불할 때 고멜이 어떻게 반응
해야 할까? "내가 무슨 낯짝으로 이 돈을 받겠습니까? 이 돈을
받지 않겠습니다. 그냥 내버려 두세요. 그냥 이대로 살다가 죽
을래요."라고 하면 그 사랑의 관계는 영원히 깨어지고 만다.
하지만 "감사합니다. 내가 다시는 당신을 배반하지 않겠습니
다."라며 그 돈을 받고 회개하면 관계가 다시 회복될 수 있다.

"패션 오브 크라이스트"라는 영화를 보았는가? 주님께서
십자가에 못 박혀서 고통당하는 모습을 보았는가? 왜 그렇게
했는가? 바로 내가 지은 죄값을 예수님께서 대신 담당하셨
기 때문이다. 그렇게 우리를 깨끗하게 하시고, 우리에게 다

시 한 번 하나님을 사랑할 수 있는 두번째 기회를 주신 것이다. 성령의 역사가 없으면 이 소리를 들어도 "아니, 이천 년 전에 있었던 예수의 죽음이 나와 무슨 상관인가?"라고 반응한다. 그러나 성령님이 역사하시면 예수님의 그 죽음이 나를 위한 죽음이고 나를 대신한 죽음이며, 예수님의 죽음 덕분에 내가 용서받을 수 있다는 생각을 하게 된다. 이때 생각만으로 끝나서는 온전한 구원에 도달할 수 없다. 성령의 감동과 감화가 있을 때 이를 입으로 고백해야 한다.

말은 마음의 표현

당신은 무엇으로 마음을 표현하는가? 여러 가지가 있겠지만 가장 정확한 것은 말로 표현하는 것이다. 결혼할 때 무엇이 가장 중요한가? 흰 드레스? 예물? 수많은 하객? 그런 것은 다 없어도 된다. 결혼식의 핵심은 '고백', 즉 '사랑의 고백'이다. "당신을 사랑합니다.", "당신을 남편으로(아내로) 맞이하겠습니다." 바로 그 고백이 결혼식의 핵심인 것이다. 고백하는 순간은 짧다. 그러나 그 고백의 효과는 생명이 다하는 그 순간까지이다. 이와 마찬가지로 예수 그리스도를 나의 구주로 영접하는 그 고백은 순간적이다. 그러나 그 고백의 효과는 영원한 것이다. "예수님! 예수님이 그렇게 죽으신 것은 나 때문입니다. 내 죄 때문입니다."하고 고백하면서 그 십자가의 사랑을 받을 때 비로소 우리는 예수 믿는 사람이 된다.

당신은 이 고백을 하였는가? 많은 사람이 교회에 다니면서 순간순간 성령의 감화를 받으면서도 이 결정적인 고백의 순간을 자꾸 뒤로 미루는 버릇이 있다. 그것은 사탄의 방해가 있기 때문이다. '뭐 그렇게 서두를 것 있나, 좀 더 들어보고 좀 더 다녀보고 그때 결단해도 늦지 않겠지.' 아니면 '너는 예수님을 구주로 영접하기는 너무 죄가 많아, 조금 더 착해진 다음에 그때 예수 믿어도 늦지 않아.' 라는 유혹에 속아 넘어가서는 안 된다.

예수님을 의지하라

"여러분, 배를 타십시오."라는 말에 "저는 수영을 못해서 배를 못 타는데요."라고 하면 말이 되는가, 되지 않는가? 수영과 배를 타는 것은 상관이 없다. "나는 죄가 많기 때문에 예수를 못 믿습니다."라는 것은 말이 안 되는 이야기다. 내 죄와 예수를 믿는 것과는 아무 상관이 없다. 예수 믿는 것은 나의 능력을 믿는 것이 아니고 예수님의 능력을 믿는 것이다. 내

의를 의지하는 것이 아니고 예수님의 의를 의지하는 것이다. 그러므로 지금 부족하고, 죄가 많고, 끊어버리지 못하는 죄가 있다 할지라도 지금 이 시간 예수 그리스도를 나의 구주로 영접할 수 있다.

나는 성지순례를 갔다가 사해에서 '의지한다' 는 것이 무엇인지 다시 한 번 배웠다. 사해에서 수영할 때 사람들이 사해에서 수영하려면 물을 의지하는 법을 배워야 된다고 충고한다. 몸에 힘을 빼라는 것이다. 그냥 물을 믿고 반듯이 드러누우면 몸이 둥실 뜬다. 그런데 물을 믿지 못하고 수영을 하면 어떻게 되는지 아는가? 앞으로 고꾸라진다. 나도 수영을 하려다가 앞으로 고꾸라져서 사해 물을 먹었는데 엄청 짰다. 짠 정도가 아니라 아주 쓴 정도였다. 엄청난 염도가 있기 때문이다. 수영을 하려고 하면 안 되고, 그냥 쫙 드러누우면 되는 것이다.

예수 잘 믿는 가장 좋은 방법이 뭔지 아는가? '내 몸에 힘을 빼는 것' 이다. 내가 더 착해져야지 하는 노력을 다 포기하는 것이다. 내가 죄인임을 인정하는 것이다. "내 속에는 선함이 없습니다. 내 속에는 의가 없습니다. 오직 예수님이 내 대신 죽어주신 그 십자가의 의만 의지합니다. 그리고 예수님을 나의 주님으로 영접합니다."하고 예수님께 나아가 고백할 때 비로소 우리는 하나님의 자녀가 되고 예수님의 신부가 될 수 있다.

순간의 선택이 영원을 결정한다

과거에 가전제품 CF 중에 '순간의 선택이 십 년을 좌우합니다.'라는 문구를 기억하는가? 결혼식 때 순간의 선택이 평생을 결정한다. 신앙의 고백에 있어서도 순간의 선택이 영원을 결정한다. 아무리 교회를 오래 다녔어도 이 고백 없이 신앙생활을 한 사람이라면 온전히 구원 받았다고 할 수 없다. 연애를 십 년, 이십 년 했어도 결혼하지 않으면 부부로 인정되지 않는다. 구원은 진정으로 예수님을 믿는다는 명백한 고백이 있는가 없는가에 따라 결정되는 것이다.

나는 종종 목회 현장에서 이 고백이 얼마나 중요한지 경험한다. 예수님을 늦게 믿은 한 할머니가 계셨다. 예수 믿고 교회 몇 주 다니다가 병이 심해져서 집에 앓아누워 계시다가, 앓아누운 지 몇 년 후에 임종을 맞이하게 되었다. 그래서 본인도 가족들도 믿는다 하기에는 좀 부족하고 그렇다고 믿지 않는다고 할 수도 없는 어정쩡한 상태였다. 임종 예배를 드리러가 보니, 이 분이 구원을 받았는지 안 받았는지 의심이 될 정도였다. 할머니 얼굴이 흙빛이었다. 불안해하고 고통스런 표정이 역력했다.

그때 내가 간단하게 예수님의 복음을 요약해서 설명을 드렸다. 그리고는 할머니의 손을 꼭 잡고 "할머니, 저의 기도를 따라 기도해 주십시오. 저를 진심으로 따라해 주십시오."하고 예수 그리스도를 나의 구주로 영접하는 기도를 했다. 그런데 영접하는 기도가 끝나고 "예수님의 이름으로 기도합니다." 하는 그 순간에 나는 기적을 보았다. 흙빛이었던 할머니의 얼굴이 환하게 빛이 나는 게 아닌가. 그때 옆에 있던 며느리가 물었다. "어머니, 예수님을 주님으로 영접하니까 어때요?" 그러자 할머니가 "날아갈 것 같아."라고 하셨다.

이 경험을 하였는가? 진심으로 예수 그리스도를 영접하는 순간 내 영혼에 놀라운 기쁨이 발생한다. 내가 하나님의 자녀라는 분명한 확신이 생기는 것이다. 확신이 생겨서 고백하는 것이 아니고 고백하고 나면 확신이 생기는 것이다. 고백하기 전에는 의심이 있다. 그러면 얼마만큼의 확신이 있어야 믿음의 사람인가? 오십일 퍼센트만 넘으면 믿는 사람이다. 오십일 퍼센트만 넘으면 당신의 의지로 믿기로 결정할 수 있다. 믿음은 감정이 아니다. 저절로 믿어지기를 기대하지 말라. 하나님의 사랑을 받아들이기로, 예수님을 나의 구주로 받아들이기로, 의지로 결정하라. 그것이 바로 믿음이다.

3부

당신을 위한 십자가의 사랑

1장

세상에서 가장 큰 고통 그리고 사랑

제 구시 즈음에 예수께서 크게 소리질러 가라사대 엘리 엘리 라마 사박다니 하시니 이는 곧 나의 하나님, 나의 하나님, 어찌하여 나를 버리셨나이까 하는 뜻이라 거기 섰던 자 중 어떤 이들이 듣고 가로되 이 사람이 엘리야를 부른다 하고 그 중에 한 사람이 곧 달려가서 해융을 가지고 신 포도주를 머금게 하여 갈대에 꿰어 마시우거늘 그 남은 사람들이 가로되 가만 두어라 엘리야가 와서 저를 구원하나 보자 하더라 예수께서 다시 크게 소리지르시고 영혼이 떠나시다(마 27:45-50).

어머니의 희생적인 사랑

6.25 전쟁 때 있었던 일이다. 미군을 따라서 취재차 왔던 종군기자가 1.4후퇴 때 미군과 함께 한 다리를 지나고 있었다. 그런데 다리 밑에서 짐승의 울음소리 같기도 하고 사람의 울음소리 같은 이상한 소리가 희미하게 들렸다. 다리 밑에 가봤더니 어떤 여인이 그 추운 겨울에 발가벗고 몸을 웅크리고 죽어 있었다. 이 추운 겨울에 저 여인은 왜 이렇게 발가벗고 있는가? 가까이 가 보니까 보퉁이를 껴안고 죽어 있었다. 그 보퉁이 곁에는 여인의 속옷이 있었고 그것을 들추자 그 속에서 여인의 내복이 나왔고 그것을 들추자 그 속에서 여인의 겉옷

이 나왔다. 그리고 그 속엔 태어난 지 얼마 되지 않은 작은 남자아이가 포대기에 쌓여서 가늘게 울고 있었다. 그 종군기자는 그 상황이 어떤 상황이었는지를 짐작할 수 있었다.

피난 가던 그 여인은 너무나 지쳐서 다리 밑에서 밤을 새우기 위해서 웅크리고 있었을 것이다. 그런데 날씨가 너무 추워서 아이가 싸늘하게 식어간다. 아이를 살리기 위해서 어머니는 그 추운 날씨에도 불구하고 자신의 겉옷을 벗어서 아이를 감싸주었을 것이다. 그래도 계속 아이가 추위 때문에 점점 죽어가자 이 어머니는 자신의 내복을 벗어서 아이를 감싸주었을 것이다. 그것도 부족하자 마침내 여인으로서의 부끄러움마저 잊고 자신의 속옷까지 벗어서 그 아이를 감싸주었을 것이다. 그리고 그 추위에 여인은 죽고 말았다. 그러나 그 어머니의 희생적인 사랑의 결과로 아들은 그 순간까지 살아 있었던 것이다. 너무나도 애처로운 장면을 보고 그 기자는 감동을 받아 그 여인을 근처에 임시로 매장한 다음 아이를 안고 피난을 갔다. 9.18 수복 때 이 여인을 양지바른 곳에 묻어주고 그 아이를 자신의 아들로 삼아서 미국에 데려갔다.

훌륭한 교육을 받고 자란 이 아이는 점점 철이 들면서 자신의 눈빛이 아버지 눈빛과 다르다는 것, 다른 아이들은 흰 피부와 노란 머리카락을 가지고 있는데 자신은 노란 피부와 새카만 머리카락을 가지고 있음을 깨달았다. 그 순간 소년은 자신이 버려진 존재라고 생각했다. 그리고 자신을 버려 타국에서 다른 아이들에게 놀림당하는 처지에 빠트린 부모님을 원망하기 시작했다. 양아버지가 너는 결코 버림받지 않았다고 설명해 주었으나 소년은 그 말을 믿지 않고 계속 빗나가기만 했다. 열심히 공부도 하지 않고 나쁜 아이들과 어울려 다니면서 양아버지의 속을 썩였다.

아이가 사춘기에 접어들었을 때 양아버지는 이 아들을 데리고 한국에 왔다. 그리고 어머니의 무덤가에 가서 그날 밤 있었던 어머니의 희생적 사랑에 대해서 소상하게 설명해 주었다. 양아버지의 모든 설명을 들은 소년은 뜨거운 눈물을 흘렸다. 그 때도 추운 겨울이었는데, 입고 있던 외투를 벗어 어머니의 무덤을 덮어주면서 이같이 말했다.

"어머니 얼마나 추우셨습니까? 저를 위해 입고 있던 모든 옷을 다 벗어주실 때 얼마나 추우셨습니까? 저를 살리기 위해 어머니가 죽으셨군요. 제 대신 어머니가 죽으셨군요."

흐느껴 울면서 이같이 고백한 이후로 소년의 삶은 달라졌다. 자신이 얼마나 귀한 사랑을 받고 있는 존재인지 깨닫고는 열심히 공부했다. 어머니의 죽음을 결코 헛되게 할 수 없었기 때문이다.

희생 속에 나타난 하나님의 놀라운 사랑

자신의 아들을 살리기 위해서 거룩한 희생을 치른 어머니의 모습처럼, 하나님의 사랑 속에도 이러한 희생이 담겨져 있다. 하나님이 우리를 얼마나 사랑하시는지는 하나님의 희생을 보면 알 수 있다. 부잣집 아이가 효자 되기 쉽겠는가, 가난한 집 아이가 효자 되기 쉽겠는가? 예외는 있을 수 있겠지만 대체적으로 가난한 집 아이들 중에 효자가 많다. 부잣집 아이들은 부모님이 자신들을 사랑하는지 사랑하지 않는지 알기가 힘들다. 워낙 넉넉하다 보니 좋은 옷을 줘도 그저 그런가보다 하고 별로 감동을 받지 않는다. 그러나 가난한 집 아이들은 다르다. 자식에게 음식을 먹이기 위해서 부모님이 굶는다. 자식에게 좋은 것을 주기 위해서 부모님이 손에 피멍이 들도록 일한다. 그렇게 부모님이 희생하시는 모습을 보고 아이의 마음 속에는 효심이 솟구친다. 하나님의 희생을 바라보면, 하나님이 우리를 얼마나 사랑하시는지 알 수 있다.

혹자는 살기 힘들 때 이렇게 불평한다. "아담과 하와가 에덴동산에서 선악과만 따 먹지 않았더라면 이런 고생 안할 텐데." "아니, 하나님은 따 먹을 줄 뻔히 알면서 왜 선악과를 만드셨을까? 왜 아담 하와에게 자유를 주셨을까?"하고 반문하기도 한다. 창세전에 그리스도 안에서 우리를 예정하신 하나님은 타락할 것도 아셨을 것이다. 그러면서도 왜 아담에게 자유를 주셨는가? 하나님은 인간이 타락할 것을 아셨다. 타락한 인간을 구원하기 위해서 하나님께서 십자가에서 못 박혀서 죽으셔야 할 것도 아셨다. 그럼에도 불구하고 인간에게 왜 자유를 주셨는가?

하나님은 인간을 위해 희생하심으로써 우리 인간을 얼마나 사랑하시는지 보여주시려고 하신 것이다. 만약 에덴에서 계속 살았더라면 우리는 지금처럼 고생하지 않고 살 수 있었을지 모르겠지만, 우리의 마음속에 지금처럼 하나님을 향한 뜨거운 사랑과 감사와 감격이 없었을 것이다. 희생속에 담긴 뜨거운 사랑이 있기에 우리는 주님이 지신 이 십자가를 바라볼 때, 가슴이 뭉클해지고 눈시울이 붉어질 수밖에 없다.

십자가를 지기 위한 삶

우리는 부활절을 맞이하기 전 사십 일 동안을 사순절로 지킨다. 사순절은 주님의 뜨거운 사랑을 깊이 생각하는 절기이다. 우리 또한 십자가 아래 꿇어 엎드려 십자가에 달리신 주님께 "예수님, 나를 살리기 위해 예수님께서 죽으셨군요. 내 대신 예수님이 죽으셨군요. 이제 우리가 생명이 붙어있는 한 어떻게 예수님의 십자가를 잊을 수 있겠습니까?"라고 고백할 수밖에 없다.

예수님의 생애를 보자. 처음부터 예수님의 생애는 십자가를 지기 위한 생애였다. 아기를 낳았을 때 천사가 아기의 이름을 예수라 하라 했다. '자기 백성을 그 죄에서 구원할 자' 라는 뜻이다. 첫 번 결례할 때가 지나 아이를 데리고 처음 예루살렘 성에 들어갔을 때 시몬이 예수님을 안고 이같이 고백한다. "내가 주의 구원을 보았다" 그리고 마리아에게 이같이 일러준다. "칼이 네 마음을 찌르듯 하리라" 이 말은 예수님의 죽음이 어떠할지를 예고해 준 것이다.

예수님은 삼십 세가 되었을 때 공생애를 시작하시는데, 먼저 세례 요한에게 세례를 받으셨다. 그 때 세례 요한이 이같이 말한다. "보라 세상 죄를 지고 가는 하나님의 어린 양이로

다" 그 어린양은 바로 '유월절 양'을 의미하는 것이다. 유월절 양의 피를 바른 집은 죽음의 천사가 뛰어 넘어갔다. 그러나 그들이 살기 위해서는 양이 죽어야 했다. 이와 마찬가지로 예수님이 죽어 그 피로 우리를 구원할 것을 예언하신 것이다.

예수님께서는 밤중에 찾아온 니고데모에게 다음과 같은 설교의 말씀을 하셨다. "모세가 광야에서 뱀을 든 것 같이 인자도 들려야 하리니 이는 저를 믿는 자마다 영생을 얻게 하려 하심이니라" 뱀에게 물린 자들이 높이 달린 놋뱀을 바라보았을 때 고침을 받았듯이 죄에 물리어 죽어 가는 죄인들이 십자가에 높이 달리신 예수님을 바라봄으로써 구원 얻게 될 것을 말씀하신 것이다. 주님은 수많은 병자를 고치고, 보리떡 다섯 개와 물고기 두 마리로 오천 명 넘는 사람을 먹이셨다. 그리하여 예수님의 인기는 점점 높아졌다. 마침내 죽은 지 나흘 된 나사로를 살렸을 때 예수님의 인기는 절정에 도달했다.

예수님이 예루살렘성에 입성하실 때 수많은 군중들은 종려나무가지를 흔들면서 "호산나! 호산나!" 외쳤다. 그들은 예수님이 정치 · 경제적 메시아가 되어서 그들을 잘 살게 하고, 로마 군인을 내어 쫓고 그들에게 해방을 줄 것이라고 생각했다. 그러나 예수님은 헤롯의 군사를 무찌르지도 않았고 로마

군인을 무찌르지도 않았다. 제일 먼저 성전에 가셔서 성전에서 장사하고 있는 그 장사꾼들을 다 몰아냈다. 그리고는 성전을 청결하게 했다.

헬라인들 몇이 와서 예수님 뵙기를 요청했을 때 예수님은 이와 같이 말씀하셨다. "내가 진실로 진실로 너희에게 이르노니 한 알의 밀이 땅에 떨어져 죽지 아니하면 한 알 그대로 있고 죽으면 많은 열매를 맺느니라" 예수님은 자신의 죽음으로써 수많은 생명을 살릴 것을 결심하신 것이다. 그리고 주님은 이어서 "내가 땅에서 들리면 모든 사람을 내게로 이끌겠노라"고 말씀하신다. 땅에서 들린다는 것은 무엇을 의미하는가? 바로 십자가에 높이 달린다는 것을 의미하는 것이다.

주님은 겟세마네 동산에서 이와 같이 기도하셨다. '아버지여 내게 주신 자도 나 있는 곳에 나와 함께 있어 아버지께서 창세전부터 나를 사랑하시므로 내게 주신 나의 영광을 저희로 보게 하시기를 원하옵나이다' 예수님은 자신의 피로 사람을 구원하시사 사람과 함께 천국에서 영원히 살기를 소원하신 것이다. 이 때 가룟 유다가 나타나 예수님께 입을 맞추며 "선생님 안녕하십니까?"하고 인사한다. 그것을 계기로 예수님은 체포를 당한다. 사랑하는 제자들도 모두 예수님을 버리고 도망친다. 공의회에서 심판을 받고 사랑하는 동족에게 버림당하고 사형 판결을 받는다. 그리고는 이방인 빌라도의 법정에 선다.

당시 로마법은 공정하기로 정평이 나 있다. 빌라도는 로마의 공정한 재판관으로서 예수님의 행적을 다 조사하였으나 아무런 죄도 발견할 수가 없었다. 그래서 "조사해보니까 이 사람을 죽일 죄가 없다. 이 사람을 놓아주겠다."고 했다. 그러나 군중들은 "당신이 만약 이 사람을 놓아주게 되면 가이사의 충신이 아닙니다."라고 하면서 폭동을 일으키려 한다. 할 수 없이 빌라도는 자신의 지위를 지키기 위해서 예수님을 십자가에 못 박으라고 내어준다. 군중들은 예수님의 옷을 벗기고 무서운 채찍으로 때렸다. 끝에 쇳덩어리 내지 짐승의 뾰족한 뼈가 달려있는 그 채찍은 한번 맞으면 살점이 떨어져 나가는 채찍이다. 그것은 사람이 죽을 수도 있는 무서운 채찍이었다.

성경은 "주님께서 이렇게 채찍을 맞으신 것은 우리에게 건강을 주시기 위함"이라고 말씀한다. 주님께서 옷을 벗기신 것은 우리에게 의의 옷을 입혀주시기 위함이었다. 주님은 조롱과 수치를 받으면서 자신이 져야할 십자가를 지고 골고다 언덕까지 올라가셨다. 그리고 가시관을 쓰신 채로, 양손과 양발에 못이 박힌 채로 십자가에 높이 달리셨다. 제 삼시에 십자가에 달리셨다. 유대시간에 6을 더하면 한국시간과 정확하게 일치한다. 우리 시간으로 오전 아홉 시에 십자가에 달리신 것이다. 세 시간 동안 고통당하시고 낮 열두 시가 되자 온 천하가 깜깜해졌다. 그 순간 예수님은 "엘리 엘리 라마 사박다니"라고 외쳤다. "나의 하나님, 나의 하나님, 어찌하여 나를 버리셨나이까?"

십자가, 대신 받은 저주

그것은 하나님의 아들이 외치는 소리가 아니었다. 메시아의 외침이 아니었다. 그것은 하나님께 버림받는 저주받은 한 죄인의 절규였다. 왜 하나님께서는 죄 없으신 예수님이 이렇게 십자가에 못박힐 때 침묵하고 계시는 것일까? 왜 자신의 아들이 못 박히는 것을 보고도 하나님은 그냥 계시는 것일까? 왜 죄 없으신 예수님이 이런 형벌을 당하셔야 했는가? 그것은 바로 우리의 죄가 예수님에게 전가되었기 때문이다.

이사야 53장 6절에는 이같이 말한다. "우리는 다 양 같아서 그릇 행하여 각기 제 길로 갔거늘 여호와께서는 우리 무리의 죄악을 그에게 담당 시키셨도다" 우리의 죄가 예수님에게 지워졌을 때 예수님은 죄인으로 죽으신 것이다. 하나님은 엄정한 우주의 재판관이시다. 반드시 죄를 벌하신다. 한 치의 그릇됨도 없이 아주 냉정하게 법을 집행하신다. 그래서 예수님이 육체적 고통을 당하시고 정신적 고통을 당하시고 영적인 죽음을 경험해야 했던 것이다.

영적인 죽음이 무엇인가? '하나님과의 관계가 끊어지는 것'이다. 많은 사람들의 조롱이 있고 극심한 육체의 고통이 있었지만 예수님은 하나님과의 교통에서 오는 위로로 견딜 수 있었다. 하지만 하나님과 단절되는 그 영혼의 고통, 영혼의 죽음만은 너무나도 견딜 수가 없어서 "나의 하나님, 나의 하나님, 어찌하여 나를 버리셨나이까" 하고 절규하지 않을 수 없었다.

갈라디아서 3장 13절은 이와 같이 말한다. "그리스도께서 우리를 위하여 저주를 받은바 되사 율법의 저주에서 우리를 속량하셨으니 기록된 바 나무에 달린 자마다 저주 아래 있는 자라 하였음이라"

예수님은 우리의 죄 때문에 죄인으로 저주받아 죽으셨다. 죄가 없었다면 예수님은 십자가에 달릴 필요가 없었다. 바로 나와 당신의 죄가 예수님을 십자가에 못 박은 것이다. 그런데 예수님께서 어찌 그렇게 나약한 자처럼 죽으신 것일까? 소경의 눈을 뜨게 하시고 앉은뱅이를 일으키시고 풍랑을 잠잠케 하시고 죽은 지 나흘 된 나사로를 살리신 전능하신 분이 어찌 이렇게 힘없이 죽으실 수 있단 말인가?

그것은 바로 우리를 너무나도 사랑했기 때문이다. 이것이 아니고는 우리의 죄가 용서받을 길이 없었기 때문이다. 죄를 지으면 반드시 벌을 받아야 한다. 하나님께서는 아담과 하와에게 다른 모든 열매는 따 먹어도 좋지만 선악을 알게 하는 나무의 열매만은 따먹지 말라고 했는데 인간은 하나님의 명령을 어기고 그것을 따먹음으로써 범죄했다. 그리하여 인간은 죽을 수밖에 없는 존재가 되었다. 여기서 죽는다는 것은 육체가 소멸된다는 것을 의미하는 것이 아니다. 영원히 지옥 불에서 고통당해야 한다는 것을 의미하는 것이다.

사람은 처음부터 불멸의 존재로 만들어졌다. 사람은 죽어 소멸되는 존재가 아니다. 영원히 존재한다. 하나님과의 관계가 끊어진 상태에서 지옥 불에서 영원히 사느냐 아니면 하나님과 함께 천국에서 영원히 사느냐, 둘 이외에는 선택의 여지가 없다.

하나님은 인간이 죄를 지었을 때 벌하지 않을 수 없었다.

하지만 지옥의 무서운 형벌을 인간에게 내리기를 기뻐하지 아니하시고 그 벌을 하나님이 대신 지시기로 작정하셨다. 너무나도 인간을 사랑하셨기 때문에 하나님은 인간을 대속하기 위해서 친히 이 땅에 오셨다. 그 분이 바로 예수 그리스도이신 것이다. 예수님은 인간의 모든 죄를 짊어지고 "나의 하나님 나의 하나님 어찌하여 나를 버리셨나이까" 외치면서 인간의 모든 형벌의 값을 다 담당하셨다. 죄는 벌을 받아야 없어진다. 아무리 흉악한 죄인일지라도 벌을 받게 되면 그 사람은 더 이상 죄인이 아니다.

그러면 한 가지 의문이 생긴다. 예수님 한 분이 벌을 받음으로써 온 인류의 죄가 다 해결될 수 있단 말인가? 만약 예수님이 평범한 사람이라면 한 사람의 죽음으로 한 사람의 죄만 해결할 수 있었을 것이다. 그러나 예수님은 하나님이 사람이 되신 분이시기 때문에 온 우주보다도 존귀하시다. 그러므로 그 분 한 분의 죽음은 온 인류의 목숨 값을 합친 것보다도 더 소중하다. 그래서 예수님 한 분으로 죽음이 모든 인류의 죄를 해결할 수 있는 길이 열린 것이다. 수천 개의 자갈보다는 한 개의 다이아몬드가 더 귀하듯이, 수억 마리 개미의 생명보다도 내 사랑하는 아들과 딸의 생명이 더 소중하듯이, 하나님

의 외아들 예수님의 생명은 온 세상 사람의 목숨 값을 합친 것
보다도 더 소중하기에 인류를 위한 속죄가 가능했던 것이다.

세 명의 사냥꾼

세 명의 사냥꾼이 사냥을 떠났다. 사냥에 열중하다가 깊
은 산 속에 불이 났는데도 모르고 불 속으로 들어가게 되었다.
불길이 점점 다가왔을 때 한 사람은 자기의 다리를 믿고 도망
쳤다. 또 한 사람은 높은 나무 위에 올라갔다. 그런데 세 번째
사람은 뛰는 재주도 없고 나무에 오르는 재주도 없었다. 꼼짝
없이 불에 타 죽게 생겼다. 어떻게 할까 생각하다가 좋은 생각
이 났다. 호주머니에서 성냥을 꺼내서 주위에 있는 작은 나무
와 풀을 태웠다. 그리고는 불 탄 자리에 앉아 있었다. 다리를
믿고 도망쳤던 사람은 다리에 힘이 빠지니까 불에 잡혀 죽었
다. 나무 위에 올라갔던 사람은 나무가 불에 타서 쓰러지니까
불 속에 떨어져 죽었다. 그러나 불타버린 자리에 안에 앉아있
던 이 사람에게는 불길이 오지 않았다. 더 이상 태울 것이 없
었기 때문이다.

불길이 한 번 지나간 자리에는 다시 불길이 오지 않는다. 예수님이 십자가에 높이 달리면서 "나의 하나님, 나의 하나님, 어찌하여 나를 버리셨나이까"라고 하신 바로 그 순간, 하나님의 무서운 진노의 심판의 불길이 예수님에게 쏟아 부어졌다. 온 인류에게 쏟아 부어야 할 그 모든 형벌을 예수님에게 다 부과하셨다. 예수님은 그 모든 것을 다 담당하시고 "다 이루었다" 말씀하신 후 운명하셨다. 그리하여 예수님의 십자가 아래에는 온 인류가 들어가고도 남을만한 구원의 큰 장소가 생긴 것이다.

로마서 8장 1절은 말한다. "누구든지 그리스도 예수 안에 있는 자에게는 결코 정죄함이 없다" 예수님께서 이미 십자가에서 심판을 받으셔서 우리가 받아야할 벌을 다 받으셨기에 더 이상 우리가 받아야 할 벌이 남아있지 않다는 것이다. 그러므로 예수님의 십자가 안에 들어가면 정죄함을 받지 않는다. 중요한 것은 그 안에 들어가느냐 들어가지 않느냐 하는 것이다.

예수를 믿는 것은 예수 안에 들어가는 것

예수를 믿는다는 것이 무엇을 의미하는 것인가? 영어로

는 믿는다고 할 때 'believe in'이라고 한다. 전치사 in(안에)을 쓰게 되는데, 그 의미는 '예수 안에 들어가는 것이 곧 예수를 믿는 것'이란 말이다. 예수를 믿으면, 즉 예수 안에 들어가면 죄를 지었으나 정죄 당하지 않고, 용서를 받으며 천국에서 영원히 살게 된다. 그러나 예수 밖에 있으면, 즉 예수를 믿지 않게 되면 심판을 받게 되고 지옥불의 영원한 형벌에서 벗어날 수 없다. 이제 중요한 것은 당신이 예수 안에 있느냐 예수 밖에 있느냐 하는 것이다.

혹 지금까지 교회를 다녔지만 아직 예수 그리스도를 구주로 분명하게 영접하지 못한 사람이 있을지 모르겠다. 그렇다면, 바로 지금 이렇게 기도해야 할 것이다. '예수님 내 마음속에 들어오십시오. 나의 주인이 되어 주시옵소서. 나는 예수님의 십자가를 믿습니다. 예수님께서 내 죄 때문에 십자가에 못 박혀 죽으신 것을 믿습니다.' 그러면 그 순간 우리는 예수 안에 들어가게 되고 모든 죄를 용서받게 되며, 천국에서 영원한 생명을 누리게 된다.

"제가 주님을 사랑합니다"

런던의 어느 미술관에서 한 노인이 그림을 구경하고 있었다. 이 노인은 한 그림 앞에서 꼼짝도 하지 않은 채 그림을 응시하고 있었다. 예수님께서 손을 높이 들어 하늘을 우러러보시면서 하나님께 기도하는 장면을 그린 것이었다. 한참 그 그림을 보고 있는데 그 노인에게 갑자기 하나님의 음성이 들려왔다. 그림 속의 예수님이 묻는 것이다.

"네가 나를 사랑하느냐?" 그 순간 이 노인은 "예, 주님. 제가 주님을 사랑합니다." 흐느껴 울면서 대답했다. 그리고는 무릎을 꿇고 그 그림 앞에 조아려 "주님! 제가 주님을 사랑합니다!"라고 큰 소리로 외쳤다. 이 노인의 갑작스런 행동에 사람들이 웅성거리면서 몰려들었다. 이 때 한 소녀가 이 할아버지의 손을 잡으면서 "할아버지, 저도 예수님을 사랑해요."라고 고백했다.

조금 후에 한 부인이 그 아이를 껴안으면서 "나도 예수님을 사랑한단다."라고 고백했다. 그 때 누군가의 입에서 조용한 찬송이 울려나오기 시작했다.

"내 구주 예수를 더욱 사랑 엎드려 비는 말 들으소서 내 진정 소원이 내 구주 예수를 더욱 사랑, 더욱 사랑……."

2장
세상에서 가장 강한 자, 십자가의 예수

십자가의 도가 멸망하는 자들에게는 미련한 것이요 구원을 얻는 우리에게는 하나님의 능력이라 기록된 바 내가 지혜 있는 자들의 지혜를 멸하고 총명한 자들의 총명을 폐하리라 하였으니 지혜 있는 자가 어디 있느뇨 … 하나님께서 전도의 미련한 것으로 믿는 자들을 구원하시기를 기뻐하셨도다 유대인은 표적을 구하고 헬라인은 지혜를 찾으나 우리는 십자가에 못 박힌 그리스도를 전하니 유대인에게는 거리끼는 것이요 이방인에게는 미련한 것이로되 오직 부르심을 입은 자들에게는 유대인이나 헬라인이나 그리스도는 하나님의 능력이요 하나님의 지혜니라(고전 1:18-24).

"빚을 얻어서라도 아들을 고칠 겁니다"

한 선교학회 모임의 회장님 아들이 대학생인데 급성 백혈병이 걸려서 항암치료를 받고 있었다. 그 회장님이 자신의 간증을 겸해 설교를 하면서, 이렇게 말씀하셨다. "아무리 많은 돈이 들어도 나는 내 아들의 치료비를 댈 것입니다. 빚을 얻어서라도 내 아들을 치료할 것입니다."

우리가 어떤 사람을 얼마나 사랑하느냐하는 것은 그를 위해서 얼마만큼 대가를 치를 수 있느냐에 따라서 증명된다. 그를 위해서 백만 원까지 줄 수 있으면 백만 원만큼 그를 사랑하는 것이고 그를 위해서 내 전부를 내어줄 수 있다면 생명처럼 사랑한다고 말할 수 있는 것이다. 주님께서 우리를 얼마나 사랑하시는가 하는 것은 얼마만큼 대가를 치렀는가를 보면 알 수가 있다. 주님께서는 내가 너희들을 이만큼 사랑한다 하시고 십자가에 못 박히셨다. 십자가에서 주님께서 우리를 위해 치르신 그 희생만큼 우리는 사랑을 받고 있는 것이다. 십자가 위의 주님은 어떤 희생을 치렀는가.

예수님의 자기 비하

첫 번째로 주님이 치른 희생은 바로 비하이다. 사람들은 모두 높아지기를 원한다. 어떤 사람이 한 사람을 사랑하기 때문에 낮아졌다면 그것이야말로 참사랑의 증명이라고 할 수 있다. 영국의 에드워드 8세는 왕위 계승자였지만 미국의 심슨 부인과 결혼하기 위해서 왕위를 포기하고 평민이 되었다. 그 사건은 온 세상을 떠들썩하게 했다. 다른 희생을 하지 않고 단지 신분이 낮아진 것, 그것만으로 온 세상이 깜짝 놀랐다.

'와, 굉장한 사랑이구나, 진실한 사랑이구나.'

그런데 왕족이 평민이 된 것과는 비교가 되지 않는 놀라운 비하가 바로 십자가 사건에서 일어났다. 하나님이 사람이 되신 것이다. 창조주가 피조물이 된 것이다. 절대자가 유한자가 된 것이다. 하나님의 비하 속에 엄청난 희생과 사랑이

숨어 있다.

또한 십자가는 가장 극심한 육체적 고통을 의미하는 것이다. 로마의 정치가였던 키케로는 인간이 고안한 형벌 중 가장 잔인하고 무서운 형벌이 바로 십자가 형벌이라고 말했다. 십자가 형벌은 양손과 양발에 사각의 못이 박히는데, 여기에는 살갗이 찢어지고 뼈가 으스러지는 고통이 있다. 그 다음에 다가오는 고통은 견딜 수 없는 두통과 갈증이라고 한다. 온 몸에 피가 흘러나오게 되면 견딜 수 없는 갈증이 있는데 주님께서는 양손과 양발의 고통 때문에 소리친 적은 없지만 극심한 목마름에 '내가 목마르다' 고 말씀하셨다. 그만큼 견딜 수 없는 갈증이 있다는 것이다. 그리고 그 다음은 바로 단절이다. 하나님 아버지께로부터 단절되는 고통이 있었다. 사랑하는 사람과 단절된다는 것이 얼마나 큰 고통인가? 예수님은 삼위일체 중에 제2위로서 성부, 성자, 성령 이 삼위 하나님 간의 긴밀한 사랑의 교류 속에서 지내셨는데 십자가를 지는 그 순간만은 그 교류가 끊어졌다. 너무나도 견딜 수 없어서 '나의 하나님, 나의 하나님 어찌하여 나를 버리셨나이까' 하고 주님께 절규하셨다. 이 십자가의 수치와 비하와 고통과 버림당한 이 모든 것이 다 우리를 위한 것이다. 예수님께서는 얼마든지 십자가를 피할 수 있었다. 그러나 우리를 살리기 위해 십자가밖에 다른 길이 없었기에 잠잠히 그 모든 십자가의 고통을 겪으신 것이다.

암탉의 희생적 사랑

어느 목사님이 예수 믿지 않는 농부 집에서 하숙을 하고 있었는데, 하루는 아침에 농부가 "목사님, 여기 나와 보세요. 보여드릴 것이 있습니다." 하고는 목사님을 닭장으로 데리고 갔다. 암탉이 한 마리 앉아 있는데 자세히 보니 암탉 품속에서 병아리들이 삐약삐약하고 나온다. 그런데 병아리들이 움직이는 동안 암탉은 꼼짝도 하지 않고 있다. 자세히 보니 암탉 뒤에 구멍이 뚫려 있는 것이 아닌가. "이게 어떻게 된 일입니까?" 하고 물으니 농부가 대답한다.

"족제비라는 놈이 밤중에 몰래 와서 이 어미 닭의 머리를 물어뜯고 피를 다 빨아먹었는데 암탉은 얼마든지 도망갈 수 있지만 자기가 품고 있는 병아리들을 위해서 자기 피를 다 뺏기고 죽었습니다."

그 모습을 바라보고 목사님이 "저것이 바로 예수 그리스도의 십자가입니다. 예수님께서는 얼마든지 십자가를 피할 수 있었지만 저와 당신의 죄 때문에, 저와 당신을 구원하기 위해서 십자가에 못 박혀 죽으신 것입니다."라고 말하면서 농부에게 전도를 했다고 한다.

적어도 사십 일은 십자가만 생각하라

'십자가의 놀라운 사랑은 바로 나를 위한 것이다. 그 놀라운 희생은 내 죄 때문이다.' 라는 생각을 갖게 된다면, 우리는 사순절을 아무렇게나 보낼 수 없을 것이다. 바로 당신 때문에 엄청난 십자가의 고통을 겪으셨는데 그 사랑이 과연 얼마만한지 깊이 생각해봐야 하지 않겠는가? 왜 사십 일간의 시간을 정했겠는가? 예수님의 그 십자가가 너무 크고 그 사랑이 너무 광대해서 하루 이틀 생각해서는 다 헤아릴 수가 없다. 사십 일간 집중적으로 십자가만 생각해보라. 내가 얼마나 많은 사랑을 받고 있고 내가 얼마나 행복한 존재이며, 주님의 사랑이 얼마나 뜨거운가를 확실하게 알게 될 것이다.

주님께서 낮아지심으로 우리가 높아질 수 있는 길이 열렸다. 하나님이 사람이 되심으로 죄인이 하나님의 자녀가 되는 길이 열린 것이다. 주님께서 십자가에서 고통을 당하심으로 우리가 지은 모든 죄의 대가가 치러지고 용서의 길이 열린 것이다. 그리고 주님께서 하나님께로부터 끊어지는 고통을 당하셨기에 이제 우리는 주님께로부터 영접 받으며 환영받으며 다시는 이별 없는 영원한 사랑의 삶을 천국에서 살수 있다. 예수를 믿는다는 것이 대체 무엇을 의미하는 것인가. 다른 사람보다 좀 더 착하게 사는 것을 의미하는가? 성경지식을 안다는 것을 의미하는가? 결코 그것이 아니다. 예수를 믿는다는 것은 십자가의 사랑과 능력을 믿는 것이다.

가장 강한 자, 십자가를 지신 예수 그리스도

요한복음 12장 23-24절에서는 예수님께서 예루살렘으로 올라가신 의미에 대해서 이렇게 말씀하고 있다. "예수께서 대답하여 가라사대 인자의 영광을 얻을 때가 왔도다 내가 진실로 진실로 너희에게 이르노니 한 알의 밀이 땅에 떨어져 죽지 아니하면 한 알 그대로 있고 죽으면 많은 열매를 맺느니라"

전설에 의하면 예대사의 사신이라는 헬라인 몇 사람이 예수님을 찾아 왔다. 예대사는 예수님이 한센 병에 걸린 사람을 고쳐주었다는 소문을 듣고 찾아온 것으로 자신의 나라의

왕으로 와서 왕의 고문이 되어주고 한센 병에 걸린 왕자를 고쳐주면 한평생 편하게 모시겠다고 했다. 편하게 살 수 있는 길이 열린 것임에도 예수님은 그것을 영광이라고 생각하지 않았다. 오히려 십자가를 지는 것을 영광이라고 말씀하셨다. 그리고 한 알의 밀알이 땅에 떨어져 많은 열매를 맺듯이, 바로 자신의 죽음으로 많은 사람들을 살릴 것을 예수님께서 말씀하셨다.

그리고 보다 직접적으로 요한복음 12장 32~33절은 이같이 말씀하고 있다. "내가 땅에서 들리면 모든 사람을 내게로 이끌겠노라 하시니 이렇게 말씀하심은 자기가 어떠한 죽음으로 죽을 것을 보이심이러라"

'내가 땅에서 들리면' 이란 바로 십자가에서 죽을 것을 의미하시는 것이다. 또한 '모든 사람을 내게로 이끌겠노라' 를 통해 십자가의 죽음으로 예수 믿는 모든 사람을 천국으로 이끌겠다고 주님께서 말씀하고 있다. 바로 이 십자가의 죽음을 향하여 예수님께서는 예루살렘성에 입성하신 것이다. 여기에서 십자가의 의미는 무엇인가? 먼저는 '죽은 자를 살리신 자의 죽음' 곧 '십자가의 죽음' 이다. 또한 나사로의 소생과 예수님의 십자가 사건을 요한복음에서 연관시켜서 설명하고 있는 이유는 무엇이며, 이 세상에서 가장 강한 자가 누구인가? 강한 제왕도, 용맹스런 군사도 죽음 앞에서는 모두 항복한다. 그러나 예수님은 죽은 지 나흘 된 자를 살렸다. 이보다 더 강한 자가 있는가?

자원하여 지신 십자가

죽는 사람 가운데에는 힘이 없어 어쩔 수 없이 죽는 사람이 있을 수 있다. 지금도 이라크의 민간인들은 죽고 싶지 않지만 힘이 없어서 할 수 없이 죽는 경우가 많다. 그러나 예수님의 죽음은 그런 것이 아니다. 로마의 식민지 백성이 힘이 없어서 로마병정에게 끌려가 죽은 것이 아니라 죽은 자를 살리시기 위해 죽으신 것이다. 이것은 타의에 의한 죽음이 아니라는 것이다. 가장 강한 자를 누가 힘으로 죽일 수 있겠는가? 그럼에도 불구하고 예수님이 죽으신 것은 바로 그 길만이 우리를 살리는 길이었기 때문이다. 예수님이 강한 자로서 죽으셨다는 사실은 예수님의 죽음이 전혀 힘들지 않았다는 것을 의미하는 것은 아니다. 예수님께도 그 십자가의 고통은 너무나 견디기 힘들었다. 요한복음 12장 27절에서는 "민망히 여기셨다"고 말하고 있고, 다른 복음서를 보면 겟세마네 동산에서 땀방울이 핏방울이 되기까지 "아버지여, 할 수만 있으면 이 잔이 내게서 지나가게 해주십시오." 라고 간절히 기도하셨다고 한다. 예수님께도 그 십자가는 견딜 수 없는 고통이었으며 말로다 할 수 없는 수치였다. 그러나 이 길 외에는 우리를 구원할 길이 없었기에 예수님께서 자원하여 그 십자가를 지신 것이다. 한 알의 밀알이 그대로 있고는 많은 열매를 맺을 수가 없다. 그것이 썩어야만 많은 열매를 맺을 수 있다.

죄의 벌을 대신 받으신 하나님

"죄의 삯은 사망이라"라는 말을 생각해 보라. 인간은 죄 때문에 죽게 되었다. 그러므로 영생하는 길을 열기 위해서는 죄의 문제가 해결이 되어야 한다. 그렇다면 죄는 어떻게 해야 하는가? 죄는 벌을 받아야 없어진다. 죄의 삯은 사망이다. 그러므로 죄는 죄의 삯인 사망을 통해서만 없어질 수 있는 것이다. 그것을 보여주신 사건이 바로 제사이다. 구약에서 짐승을 잡아서 그 짐승의 피를 통해서 죄를 용서받고 하나님 앞에 나아가는 것이 제사의 모습이다. "피흘림이 없은즉 사함이 없다." 피흘림은 곧 죽음을 의미하는 것이며 죄는 벌을 받아야 없어지기 때문에, 그 벌이 바로 죽음이다. 그러므로 죽음이 없

166

이는 사죄도 없고 영생의 길이 열릴 수 없다. 예수님은 바로 우리를 위한 속죄제, 화목제의 제물이 되기 위해 십자가에서 죽으셨다. 예수님의 십자가의 의미를 보다 분명하게 깨달아 알 수 있도록 하나님께서는 십자가 사건 전에 먼저 제사제도를 인간에게 마련해 주셨다.

인간이 죄를 지었다. 누가 책임을 져야 하는가? 당연히 인간이 책임을 져야 한다. 그리고 죄인이 죄를 위해 죽을 수는 없으니 대신 죽으려면 자기 자신은 죄가 없는 존재여야 한다. 그리고 한 사람을 대신해서 죽는 것이 아니고 온 인류를 위해서 죽는 것이라면 그분은 전능하신 분이여야만 하며, 자기생명보다도 우리 인간을 더 사랑하는 분이어야 한다. 그런데 인간 중에는 그런 존재가 없었다. 인간으로서는 살 길이 없던 바로 그때 우리를 사랑하신 하나님이 우리를 구원하기 위해서 친히 그러한 존재가 되신 것이다. 그래서 하나님이 인간의 몸을 입고 이 땅에 오셨다. 그분이 바로 예수 그리스도이다. 모든 율법을 다 지키시고 온전한 의인이 되시고 죄인으로 십자가에 못 박혀 죽어주심으로 우리에게 구원의 길을 열어 주셨다. 이에 대해 요한일서 4장 9절은 이같이 표현하고 있다.

"하나님의 사랑이 우리에게 나타난바 되었으니 하나님

이 자기의 독생자를 세상에 보내심은 저로 말미암아 우리를 살리려 하심이니라 사랑은 여기 있으니 우리가 하나님을 사랑한 것이 아니요 오직 하나님이 우리를 사랑하사 우리 죄를 위하여 화목제로 그 아들을 보내셨음이니라"

또한 베드로전서 2장 24절은 이같이 말한다.

"친히 나무에 달려 그 몸으로 우리 죄를 담당하셨으니 이는 우리로 죄에 대하여 죽고 의에 대하여 살게 하려 하심이라 저가 채찍에 맞음으로 너희는 나음을 얻었나니"

예수님의 십자가로 우리의 죄의 문제가 완전하게 해결되었다는 의미이다. 예수님이 십자가에서 다 이루었다고 말씀하시는 그 순간, 그리고 운명하시는 그 순간, 우리의 죄도 죽었다. 그러므로 이제 예수 그리스도 안에 있는 자에게는 결코 정죄함이 없으며 구원의 길, 생명의 길이 활짝 열리게 되었다.

십자가의 예수를 믿는 사람이 진짜 그리스도인

고린도전서 1장 23-24절에는 "우리는 십자가에 못 박힌 그리스도를 전하니 유대인에게는 거리끼는 것이요 이방인에게는 미련한 것이로되 오직 부르심을 입은 자들에게는 유대인이나 헬라인이나 그리스도는 하나님의 능력이요 하나님의 지혜니라"고 말씀하고 있다. 십자가에 못 박힌 그리스도, 그분을 주로 믿는 사람이 그리스도인인 것이다. 위대한 인류의 스승이신 예수 그리스도, 사랑의 삶을 사신 예수 그리스도, 기적을 행하신 예수 그리스도. 이렇게 예수를 믿는 사람이 있다면 그는 진정한 크리스천이 아니다. 십자가의 예수를 믿는 그리스도인이 진정한 크리스천이다.

예수님께서 나 때문에 내 대신에 십자가에 못 박혀 죽으셨다는 사실을 아는 사람이 진리를 아는 사람이요, 이것을 믿는 사람이 진정한 믿음을 가진 사람이다. 세상 모든 지식을 다 갖고 있어도 이것을 모르는 사람은 어리석은 사람이다. 세상 모든 것을 다 가졌다 할지라도 이 믿음이 없는 사람은 가장 불쌍한 사람이다. 그러나 세상에서 달리 배운 것이 없는 사람이라도 예수께서 내 대신 죽으셨다는 이 사실을 믿는 사람은 가장 귀한 지식을 가진 사람이다. 이 사실을 믿는 사람은 세상에서 가장 행복한 사람이다.

십자가의 송유관

하나님은 우리를 사랑하시지만 우리의 죄가 하나님과 우리의 사이를 가로막았다. 이 문제를 해결한 것이 바로 십자가이다. 십자가는 하나님과 우리 사이를 가로막는 죄의 장벽을 뚫고 흐르는 '사랑의 통로'가 된 것이다. 이것이 바로 십자가의 능력이다.

미국 알래스카 주는 미국 본토와는 많이 떨어져 있다. 처음에는 그냥 얼음 땅이었던 것을 러시아가 미국에게 억지로 사게 했다. 그런데 처음에는 단순히 얼음 땅으로만 생각했던 알래스카 주에 알고 보니 갖가지 보화들이 있었다. 역사를 가르치는 선생님이 농담 삼아 이렇게 얘기한 적이 있다. 지금도 겨울에 북쪽에서 바람이 불 때 가만히 들어보면 뽀드득 뽀드득 이 가는 소리가 들린다고. 소련이 미국에게 알래스카를 팔아넘긴 것이 원통해서 이를 갈고 있다는 것이다. 무엇보다 알래스카 땅에는 엄청난 양의 원유가 묻혀 있다. 그런데 문제는 그 속에 있는 원유를 어떻게 미국 본토로 끌어오느냐 하는 것이었다. 그러나 지혜로운 인간은 송유관을 만들어 알래스카에 있는 기름을 본토로 가져오고 있다.

얼음벽을 뚫고 산을 뚫고 송유관을 통해서 원유가 미국 본토에 올 수 있듯이 하나님과 우리 사이를 가로막는 많은 죄의 장벽들을 뚫고 십자가의 송유관이 흐르고 있기 때문에 이를 통해 하나님의 사랑이 우리 속으로 흘러 들어올 수 있다.

이 십자가가 바로 하나님과 우리 사이를 연결시켜주는 통로이다. 십자가를 통하지 않고는 누구도 하나님의 사랑을 받을 수가 없다.

십자가를 잃으면 모든 것을 잃는 것

어느 나그네가 아주 추운 겨울날 먼 길을 걷고 있었다. 너무 배고프고 추워 죽을 지경인데 친절한 어떤 사람이 나그네를 자기 집에 초청했다. "내가 당신을 위해서 음식과 새 옷과 따뜻한 목욕물과 침대를 준비해 두었으니, 이 열쇠를 받아 들어가서 씻고 드시고 주무십시오." 그런데 만약 나그네가 "아, 지금 당장 배고픈데 빵을 주지 이런 열쇠가 무슨 소용이 있소!" 하고 열쇠를 던져버리면 어떻게 되겠는가? 열쇠를 받지 않으면 이 사람을 위해서 준비한 그 모든 것을 다 받을 수 없다. 열쇠를 받는 것은 다 받는 것이요, 열쇠를 거절하는 것은 다 거절하는 것이다.

하나님의 모든 신령한 축복과 그 모든 능력이 십자가 속에 다 들어 있다. 십자가를 통하여 이것을 받을 수 있는 것이다. 십자가의 예수 그리스도를 거부하는 자는 모든 것을 다 거부하는 것이다. 십자가를 받지 못하는 자는 모든 것을 다 상실하게 된다. 그러나 십자가만 믿을 수 있으면 십자가만 받아들일 수 있으면 모든 축복을 받을 수 있다. 십자가는 우리를 새롭게 만드는 능력이 있다. 우리를 새로운 피조물로 만드는 능력이 바로 십자가에 있다는 것이다.

교회는 예수님의 옆구리에서 나왔다?

유명한 교회성장학자인 랄프 네이버 박사는 "예수님의 십자가에서 교회가 탄생되었다."는 새로운 해석을 하고 있다. 아담이 하와를 갈비뼈에서 얻었듯이 예수님의 옆구리에서 교회가 나왔다는 것이다. 예수님의 십자가 사건을 여인이 아이를 낳는 그 과정과 같다고 본 것이다. 여인이 아이를 낳을 때 그 산고로 인해서 부르짖는다. 그리고 마침내 양수가 터지면서 아이가 태어나듯이, 우리 주님께서 십자가에 못 박혔을 때 "나의 하나님, 나의 하나님 어찌하여 나를 버리셨나이까" 하고 절규하신 것이다. 그리고 군병이 예수님의 옆구리를 찔렀을 때 물과 피가 흘렀다. 그 순간에 교회가 탄생한 것이다. 아담은 자기 옆구리에서 나온 하와를 가리켜서 "이는 내 뼈 중에 뼈요, 내 살 중에 살이라" 하며 지극히 사랑했다.

교회는 예수 그리스도의 신부요, 예수 그리스도의 몸이

다. 예수 그리스도와 분리할 수 없는, 그분과 하나인 존재가 된 것이다. 십자가를 통해서 이 놀라운 사건이 일어났기에 십자가를 믿는 사람은 이렇게 고백한다. "그런즉 이제는 내가 산 것이 아니요 오직 내 안에 그리스도께서 사신 것이라" 당신 안에 그리스도께서 사시면, 당신이 예수 그리스도의 몸이 되면 당신은 이 세상에서 가장 존귀한 자가 된다. 당신은 깨끗한 자인 것이다. 당신은 사랑을 행할 수 있는 존재가 되는 것이다.

때로 자신이 무가치하다고 생각될 때가 있는가? 그 때에는 십자가를 바라보라. 십자가를 바라보면 당신이 얼마나 가치 있는 존재인가를 알게 된다. 주님께서 당신을 위해 죽어 주실 정도로 당신이 존귀한 존재라는 사실을 깨닫게 된다. 온 우주에서 가장 존귀한 하나님, 즉 예수 그리스도께서 당신 대신 당신을 살리기 위해 죽으셨다. 그만큼 당신은 소중한 존재이다.

예수 믿는 사람들도 때로 범죄할 때가 있다. 그러나 십자가를 바라보라. 비록 넘어졌으나 다시 일어설 수 있다. 십자가의 보혈의 능력이 당신의 죄보다 더 크기에 범죄했지만 십자가의 그 피가 죄를 씻어주어 당신은 정죄 받지 않는다. 그리스도인은 범죄하여도 즉시 회개하고 그 범죄 때문에 더욱더 십자가로 향하여 더 가까이 나아가게 된다. 죄 때문에 주저앉지 않는다. 죄의 세력이 결코 그리스도인을 물리칠 수는 없다. 주님께서 십자가에서 승리하셨기 때문이다. 또한 살면서 인간관계의 갈등으로 어려움을 겪을 때가 있다. 그 때에도 십자가를 바라보라. 당신의 힘으로는 사랑할 수 없고 당신의 힘으로는 용서할 수 없지만 십자가의 능력으로 용서하고 사랑할 수 있다. 주님께서 당신을 용서하신 것처럼 당신도 이제 다른 사람을 용서할 수 있다. 이제 그리스도의 몸이 되어서 다른 사람을 주님께로 인도하는 그런 역할을 할 수 있게 되는 것이다.

십자가, 모든 문제를 해결하는 능력

CNN에서 사형 당하기 직전의 여인을 잠깐 인터뷰한 적이 있다. 터너라는 이 여자는 남편과 남편의 정부를 살해한 죄로 사형집행을 받게 되었다. 남편과 남편의 정부가 간통하는 장면을 현장에서 목격하고 도끼로 남편과 남편의 정부를 죽였고, 현장에서 살인범으로 체포되어서 감옥에 갇히고 사형을 언도 받았다. 그런데 이 사람이 감옥 안에서 예수를 믿게 되었다. 불같았던 여인, 미움과 증오로 가득했던 여인은 온순

한 사랑의 사람으로 바뀌게 되었다. 그리고 사형 당하기 전날 인터뷰에서 지극히 온유하고 기쁨이 가득 찬 표정으로 시청 자들에게 이렇게 마지막 말을 남겼다. "여러분 저는 내일 우리 주님을 뵈러 갑니다. 여러분 모두를 사랑합니다."

예수를 믿으면 아무리 큰 죄를 지어도 용서받을 수 있다. 아무리 못된 성격의 사람도 새사람이 될 수 있다. 십자가 속에 내 삶의 모든 문제를 해결할 수 있는 능력이 다 들어있는 것이다. 무슨 문제를 당하고 있던지 십자가를 바라보면 다 해결된다. 집중적으로 십자가를 바라보고 깊이 생각할 때, 그 십자가 속에 담긴 주님의 사랑을 공급받아 승리하는 삶을 살게 될 것이다.

4부

최선을 위해

차선을 버리라

1장
초점이 분명한 삶을 택하라

바울이 아시아에서 지체치 않기 위하여 에베소를 지나 행선하기로 작정하였으니 이는 될수 있는대로 오순절 안에 예루살렘에 이르려고 급히 감이러라 … 곧 모든 겸손과 눈물이며 유대인의 간계를 인하여 당한 시험을 참고 주를 섬긴 것과 유익한 것은 무엇이든지 공중 앞에서나 각 집에서나 꺼림이 없이 너희에게 전하여 가르치고 유대인과 헬라인들에게 하나님께 대한 회개와 우리 주 예수 그리스도께 대한 믿음을 증거한 것이라 나의 달려갈 길과 주 예수께 받은 사명 곧 하나님의 은혜의 복음 증거하는 일을 마치려 함에는 나의 생명을 조금도 귀한 것으로 여기지 아니하노래(행 20:16-24).

기름을 준 목적

험악한 바위들로 구성된 해변이 있었다. 항해하기 위험한 지역이지만, 등대가 있었기 때문에 배들이 안전하게 그 지역을 통과할 수 있었다. 등대를 밝히는 기름은 한 달에 한 번씩 상부로부터 공급되었다.

그 등대에 오래된 등대지기가 있었다. 낮에는 무료했기 때문에 동네 사람들과 사귀며 친하게 지냈다. 하루는 어떤 부인이 급하게 와서 "우리 집에 기름이 다 떨어져서 추워서 떨고 있습니다. 기름을 조금만 나눠 주십시오."라고 했다. 듣고 보니 사정이 딱하고 또 안면이 있는 터라 거절하기 힘들어서,

조금 나눠줬다. 다음에는 어떤 노인이 찾아와서 "우리 집 농기구를 유지해야 되겠는데 기름을 조금만 나눠주게."라고 하기에 조금 나눠주었다. 그렇게 조금씩 나누어 주다가 보니 월말에 기름이 다 떨어져버려 등대에 불을 밝힐 수 없게 되었다.

그날 밤 많은 배들이 좌초하여 수많은 사람들이 목숨을 잃게 되었고, 상부에서 조사관이 파견되었다. 조사받는 과정에서 등대지기가 "저는 그저 좋은 일을 좀 했을 뿐입니다. 다 기름이 필요한 사람들이라서 조금씩 나눠줬을 뿐입니다."라고 말했다. 그러자 관리가 엄한 말로 이렇게 말했다. "우리가 당신에게 기름을 준 목적은 단 한 가지의 목적 때문이었소. 바로 등대의 불을 밝히는 것이오. 아시겠소?" 그리고 그 사람은 등대지기 자리에서 쫓겨나고 말았다.

이 사람은 정직한 사람이다. 사적으로 기름 한 방울을 취한 적이 없다. 나름대로 성실하게 살았다. 인정도 많은 사람이었다. 그러나 실패한 등대지기가 되고 말았다. 이유가 무엇인가? 삶의 초점이 분명하지 않았고, 자기가 하는 일이 얼마나 중요한가를 깨닫지 못했기 때문이다. 무엇을 위해서 전심전력

해야 하는지 알지 못했기 때문이다.

집중하면 불이 붙는다
당신은 무슨 일을 하고 있는가? 왜 음식을 먹는가? 왜 사는가? 왜 그 일을 하고 있는가? 왜 그 직장에 다니는가? 목적이 무엇인가? 왜 그 일을 하고 있는지 목적이 분명해야 한다. 현대인의 문제가 무엇인가? 어른이고 아이고 할 것 없이 "바쁘다 바빠."를 입에 달고 분주한 삶을 살고 있지만, 정작 무엇 때문에 바쁘냐, 왜 바쁘냐고 물어보면 분명한 대답을 하지 못한다.

초등학교 때 돋보기를 가지고 실험을 해 본 적이 있다. 까만 종이 위에 돋보기를 대고 초점을 맞춘 뒤 몇 분 기다리면, 거기서 연기가 나고 불이 난다. 종이가 태워진다. 그런데 초점이 맞지 않으면 오랫동안 돋보기를 비추고 있어도 아무 일이 일어나지 않는다. 얼마나 오랫동안 돋보기를 비추고 있었느냐보다 얼마나 초점을 잘 맞추었느냐 하는 것이 중요한 것이다. 우리가 성공적인 삶, 힘 있는 삶, 영향력 있는 삶을 살기 위해서는 집중력이 있어야 한다. 초점이 분명한 삶을 살아야 한다.

삶의 목적을 분명히

어떻게 하면 초점이 분명한 삶을 살 수 있는가? 초점이 분명한 삶을 살기 위해서는 분명한 삶의 목적을 세워야 한다. 사도행전 20장 23-24절에서는 "오직 성령이 각 성에서 내게 증거하여 결박과 환난이 나를 기다린다 하시나 나의 달려갈 길과 주 예수께 받은 사명 곧 하나님의 은혜의 복음 증거하는 일을 마치려 함에는 나의 생명을 조금도 귀한 것으로 여기지 아니하노라"고 나와 있다. 사도바울은 나의 생명을 바쳐도 아깝지 않은 일이 있다고 고백한다. 그것이 무엇인가? 바로 사명(司命)이다. 심부름과 목숨, 이 두 말이 합쳐진 문자 그대로 목숨을 다 바쳐서 감당해야 할 심부름, 그것이 바로 사명인 것이다.

하나님께서 우리에게 생명을 주신 것은 목적이 있기 때문이다. 내가 이 땅에 태어난 목적, 내가 살아있을 동안 반드시 이루어야 할 일, 그것이 바로 사명이다. 자신의 사명이 무엇인지 모르고 사는 사람은 아무리 열심히 살아도 성공적인 삶을 살 수가 없다. 따라서 우리는 자신의 사명이 무엇인지 알아야 한다.

사명을 따르는 삶

심부름 가는 사람은 자기가 하고 싶은 일을 하는 게 아니고, 심부름 보낸 분의 일을 하는 것이다. 그러므로 내 사명이 무엇인지 결정하는 사람은 내가 아니다. 내게 생명을 주신 하나님이 내 사명을 결정하시는 것이다. 특별히 우리 그리스도인에게는 예수님이 주신 사명이 있다. 모든 사람이 공통적으로 받은 사명, 그 사명은 무엇인가?

요한복음 20장 21절 말씀이다. "아버지께서 나를 보내신 것 같이 나도 너희를 보내노라" 예수님은 우리를 보내신다. 목적이 있어서 보내신다. 예수님이 우리에게 주신 사명과 예수님이 가지신 사명은 근본적으로 같을 수밖에 없다. 우리가 바로 예수님의 몸이기 때문이다. 예수님은 우리에게 성령을 주셔서 우리를 예수님의 몸으로 삼으시고 일하신다. 그러니 예수님의 사명이 무엇인지 아는 것이 우리의 사명을 알 수 있게 하는 첩경일 것이다.

누가복음 19장 10절에서는 "인자에 온 것은 잃어버린 자를 찾아 구원하려 함이니라"고 한다. 마가복음 1장 38절에서는 "우리가 다른 가까운 마을들로 가자. 거기서도 전도하리니 내가 이를 위하여 왔노라"고 했다. 잃어버린 자를 찾아 구원하는 것, 다시 말하면 전도하는 것. 이것이 예수님이 이 땅에 오신 목적이다. 이것이 예수님의 사명이다. 이것이 예수님의 사명이라면, 잃어버린 자를 찾아 전도하는 것, 불신자를 찾아 전도하는 것, 이것이 바로 우리의 사명이 되는 것이다.

위대한 계명과 위대한 사명

최근에 전 세계적으로 가장 많은 영향력을 미치고 있는 교회는 릭 워렌(Rick Warren) 목사님이 시무하시는 새들백 교회이다. 릭 워렌 목사님이 새들백 교회를 개척할 무렵, 성경을 깊이 연구하면서 신구약 성경 가운데서 가장 중요한 것이 무엇인가 찾아보았더니 두 가지가 나왔다고 한다. 하나는 위대한 계명이고, 또 하나는 위대한 사명이다. 위대한 계명이라는 것은 "네 마음을 다하고 목숨을 다하고 뜻을 다하여 주 너의 하나님을 사랑하고 네 이웃을 네 몸과 같이 사랑하라"는 것이요, 위대한 사명이라는 것은 "너희는 가서 모든 족속으로 제자를 삼아 아버지와 아들과 성령의 이름으로 세례를 주고 내가 너희에게 분부한 모든 것을 가르쳐 지키게 하라"는 선교의 명령이었다. 이웃을 사랑하는 것은 곧 하나님을 사랑하는 것이다. 그 이웃이 불신자일 경우에는 그에게 복음을 증거해야 한다.

그렇다면 신구약 성경 전체에서 가장 중요하다고 말하는, 우리가 집중해야 할 일은 무엇인가? 그것은 바로 불신자에게 복음을 증거하는 것이다. 사도바울은 이를 위해서라면 자기 목숨을 바쳐도 아깝지 않다고 했다. 그것이 그대로 우리의 고백이 되어야 마땅하다. 만약 우리가 여기에 집중하지 않는다면 아무리 오래 살아도, 아무리 잘 먹고 잘 살아도 우리의 삶은 아무런 의미가 없다. 가장 기본적이고 가장 중요한 이 일에 얼마나 집중하느냐 하는 것이, 우리가 얼마나 성공할 수 있을지 결정짓는 관건이 될 수 있다.

새들백 교회를 방문하는 많은 사람들은 교회에 활력이 넘치고 교인들이 행복이 가득한 마음으로 예배를 드린다는 것을 느낀다고 한다. 그런데 이 교회는 애당초 세워질 때부터 불신자를 위해 세워졌다. 주일 예배도 불신자의 구원에 초점이 맞추어져 있다. 설교도 복음의 기본적이고 핵심적인 메시지를 전달하는 것에 집중하고, 처음 예수 믿는 사람들을 잘 돌봐 준다. 그리고 기존 교인들은 주중에 따로 모여 예배를 드린다. 이렇게 불신자에 집중하는 교회를 하나님께서 축복하셔서, 그 교회는 수만 명의 교인을 가진 교회로 성장했다. 수십 개의 교회를 개척했고, 지금 가장 많은 영향력을 끼치고 있는 교회가 되었다. 그 교회의 목사는 『목적이 이끄는 교회』, 『목적이 이끄는 삶』이라는 두 권의 책을 집필했다. 『목적이 이끄는 교회』는 『새들백 교회 이야기』라는 제목으로 번역이 되어 있고, 『목적이 이끄는 삶』은 원제목 그대로 번역되어 있다. 이 책을 보면 우리가 무엇을 위해서 살아야 할지 분명히 깨닫게 될 것이다.

목적이 분명해야 부흥한다

그 당시 대부분의 미국 교회는 성장을 멈추고 있었다. 그래서 윌 안이라는 교회 성장학자가 천 개의 교회를 대상으로 조사를 해 보았다. "교회가 세워진 목적이 무엇이라고 생각하십니까?", "목회자가 무슨 일을 해야 된다고 생각하십니까?" 구십 퍼센트의 교인들이 교회가 존재하는 목적은 교인을 돌보는 것이고, 목회자가 해야 할 일은 성도들을 돌보는 것이라고 대답했다. 하지만 목사들의 대답은 완전히 달랐다. 목사님들은 교회가 존재하는 목적은 불신자를 전도하기 위한 것이고, 목회자가 해야 할 일은 불신자를 전도하는 것이라고 대답했다. 목회자가 하고자 하는 바와 교인들이 받고자 하는 바가 서로 다르기 때문에 목회자는 목회자대로 교인들이 못마땅하고,

교인들은 교인대로 목회자가 못마땅한 것이다. 이래가지고는 교회가 힘을 받을 수가 없다. 교회가 제 사명을 다하려면 교회가 존재하는 목적이 구체적으로 기록되어 있어야 한다. 그래서 필자가 섬기는 승리교회는 표어를 주보해 기록해 두고, 온 교인들이 함께 이 목적을 가슴에 새길 수 있도록 하고 있다. 우리 교회의 목적문은 이것이다.

"머리되신 그리스도의 영광을 위하여 지체된 전 성도가 연합하여 제 몫의 사명을 완수하는 교회"

제 몫의 사명. 당신 몫의 사명은 무엇인가? 불신자를 전도하는 것이 사명이라면, 그 사람을 전도하는 것이 여러분이 이 땅에 존재하는 목적이다. 여러분이 꼭 전도해야 할 불신자가 있고, 여러분이 아니고는 구원받을 수 없는 사람이 있다. 아무리 많은 돈을 벌고 신나는 삶을 살았다고 할지라도 그 사명을 감당하지 못했다면 실패한 인생이 될 수밖에 없다.

그저 "목사님, 저를 위로해 주십시오, 저는 도움이 필요합니다." 하는 마음으로 교회를 통해 위로받고 도움받기를 바라는 마음만 가지고 있으면 안 된다. "목사님, 예수 믿지 않는 제 친구를 어떻게 전도해야 합니까?", "예수 믿지 않는 우리 부모님을 어떻게 전도해야 합니까?"라고 질문해야 하고, 그런 전도자가 되기 위해서 교육받고 훈련받기를 요구해야 한다. 불신자를 구원한다는 것은 영적인 전투에서 승리하여 사탄에게 빼앗긴 영혼을 도로 찾아내는 것이다. 영적인 싸움에서 승리하기 위해서는 훈련을 받아야 한다. 이제부터는 교회로부터 훈련받기를 힘쓰라. 교회에서 훈련받고 은혜를 받아, 세상에 나가 싸워 이기는 그리스도의 군사들이 되어야 한다.

최선을 위해 차선을 잘라버려라

우리가 초점이 분명한 삶을 살기 위해서는 최선을 위해 차선을 잘라 버려야 한다. 사도행전 20장 16절 말씀이다.

"바울이 아시아에서 지체치 않기 위하여 에베소를 지나 행선하기로 작정하였으니 이는 될 수 있는 대로 오순절 안에 예루살렘에 이르려고 급히 감이러라"

'최선의 가장 큰 적은 차선이다' 라는 말이 있다. 우리에게 무한정의 시간과 무한정의 재능이 있는 것이 아니다. 시간도, 재능도, 돈도 한정되어 있기 때문에 우리가 모든 일을 할 수는 없다. 그러므로 꼭 해야 할 일, 가장 중요한 일에 전심전력하기 위해서, 보다 덜 중요한 일들을 과감하게 잘라 버려야 한다. 그러지 않고 차선에 시간과 돈을 다 쓰다 보면 정작 최선에 쓸 시간과 돈은 없어진다. 이것이 바로 앞에서 말한 등대지기의 실수와 같은 것이다.

사도바울은 에베소 교회에서 삼 년간 지내며 전도했다. 대부분의 교회에는 별로 오래 머물지 않았는데, 유독 에베소에서는 오래 머물렀다. 정이 많이 들었을 것이다. 그런데 사도바울이 전도 여행을 가던 중, 에베소와 사십오 킬로미터 거리에 있는 밀레도에 도착했다. 이 때 에베소에 있는 교회에 갔다면 그 교회의 교인들로부터 많은 위로와 사랑을 받았을 것이다. 사도 바울도 에베소에 들러서 그들과 교제하면서 새 힘을 받기를 원했을 것이다. 낯선 지역에서 모르는 사람들을 전도하다 보면 냉대와 박해를 받게 마련이기 때문이다.

그러나 지금 사도바울은 오순절 안에 예루살렘에 가겠다는 분명한 목적을 가지고 여행하는 중이다. 예루살렘 교회에 가서 이방 선교의 당위성과 필요성에 대해서 역설해야 한다. 이방 선교에 대해서 말할 때 가장 좋은 절기가 성령강림이 있었던 오순절이기 때문에, 그 안에 예루살렘에 가야 한다. 만약 사도바울이 에베소에 들른다면 많은 시간을 허비할 위험이 있었다. 그래서 사도바울은 위로받고 싶다는 개인적인 마음을 포기했던 것이다. 보다 큰 목적을 위해서였다.

에베소에 가면 사람들이 "정말 오랜만입니다. 우리 집에 가서 식사하시지요." 하며 붙잡을 것이고, 그렇게 있다 보면 몇 주나 몇 달이 지체될 수 있기 때문이었다. 지혜롭게 생각한 사도 바울은 자신이 에베소로 가는 대신 에베소의 장로들을 밀레도로 초청해 필요한 사항들을 가르치고 당부할 것들을 설명한 후, 계속해서 선교 여행을 떠났다. 이와 같이, 우리도 시간을 사용하는 데 지혜로운 결단을 내려야 한다. 가장 중요한 것을 위해서 덜 중요한 것은 잘라버려야 한다.

가지치기의 지혜

우리는 농부의 지혜를 배울 필요가 있다. 가을에 수확을 앞둔 배는 참 먹음직스럽다. 어떤 배는 아이 머리통만큼 큼직하기도 하다. 그런데 그런 배를 얻기 위해서는 봄에 배나무 가지들을 잘 쳐주어야 한다. 꽃이 필 무렵 가지치기를 잘 해야 충실한 배가 열린다는 것이다. 가지를 치지 않고 내버려두면 매우 많은 배가 달린다. 그러나 수만 많고 크기는 작아 상품가치가 별로 없다. 아쉽지만 애초에 잘라버려야 충실한 열매가 열리게 된다.

일도 마찬가지이다. 어떤 사람들은 너무 많은 일을 한다. 이 일에도 관여하고 저 일에도 관여하고, 하는 일은 굉장히 많은데 무엇 하나 제대로 하는 일은 없다. 그래서는 초점이 분명한 삶이라고 할 수 없다.

설렁탕 집의 성공비결

강남에 가면 'ㅇㅇ 설렁탕'이라는 가게가 있다. 이 집은 메뉴가 설렁탕과 수육, 딱 둘밖에 없다. 그런데 이 집의 설렁탕 맛은 정말 기가 막히다. 여러 번 가서 먹어보았는데, 국물이 구수하면서도 담백하고, 감칠맛이 난다. 한 번 이 집의 음식을 먹어보고 나면 딴 집에 가고 싶다는 생각이 들지 않는다. 설렁탕이라고 하면 딱 그 집이 생각날 정도다. 처음 갔을 때에는 골목을 조금 들어가야 나오는 조그만 식당이었는데, 몇 년 후에 가 보니까 도로변에 큰 빌딩을 지어서 새로 식당을 차려 놓았다. 엄청난 돈을 벌었다는 것이다. 두 가지만 하니까 제대로 된 설렁탕과 수육을 만들 수 있었다는 이야기다.

이곳과 전철역 주변에서 쉽게 볼 수 있는 즉석김밥집을 비교해 보자. 그런 곳에서는 김밥만 파는 게 아니다. 떡볶이, 김치찌개, 동태찌개 등등 메뉴가 최소한 오십내지 육십 개 정도는 된다. 그러면 어느 하나를 제대로 할 수 있겠는가? 그렇게 해서는 성공할 수 없다.

삶의 현장이 사명의 현장

우리는 불신자 전도에 집중해야 한다. 그러면 모든 불신자를 혼자서 다 전도할 수 있는가? 못한다. 그것은 불가능하다. 대신 자신이 가장 잘 전도할 수 있는 사람에게 집중해야 한다. 전도할 불신자를 찾아서 여기저기 헤맬 필요가 없다. 날마다 만나는 사람, 일주일에 적어도 한두 번 만나는 사람, 바로 그 사람을 전도하라는 것이다. 날마다 만나는 직장 동료에게 전도하지 못하는 사람이 누구를 전도할 수 있겠는가? 멀리 갈 필요가 없다. 내가 '직장에서 전도해야겠다'고 마음먹고 직장에 있는 모든 사람을 전도 대상자로 설정하게 되면 일하는 태도가 달라진다. 그들에게 성실하고 정직하고 유능한 사람으로 인정받아야 전도의 문이 열리기 때문이다. 요령이나 피우고 무능하면 전도의 문이 막히기 때문에, 전도하기 위해서라도 유능하고 정직한 직장인이 될 수밖에 없다.

주부도 마찬가지이다. 행복한 가정을 이루면 된다. 나는 결혼식 주례를 할 때마다 행복한 가정을 만드는 것이 전도의 가장 좋은 방법이라고 강조한다. 모든 기독교인 가정들이 행복하게 살아간다면, 지금보다 교회가 훨씬 부흥될 것이다. 행복한 가정을 이루고 그 가정을 통해서 전도할 수 있다.

그러므로 당신은 특별한 사명을 감당하기 위해 다른 장소에 갈 필요가 없다. 당신이 지금 서 있는 장소가 어디인가? 그곳이 바로 하나님이 세워주신 곳이다. 장소를 옮길 생각하지 말고 거기서 충성하라. 거기서 전도하라. 당신이 가장 잘 할 수 있는 그 곳에 집중하라. 그리고 한발 더 나아가, 보다 더 지혜롭게 시간을 사용해야 한다. 사도바울이 에베소를 가지 않고 에베소 장로를 불렀던 그 지혜를 배워야 한다. 모든 일을 다 할 수 있는 시간이 없기 때문에, 보다 덜 중요한 것들은 잘라버리고, 좋은 일이더라도 경우에 따라서는 절제할 줄 알아야 한다.

너무 바빠서 불신자를 만날 수 없다?

지금 한국 교회의 중요한 문제 중 하나가 교인들끼리 너무 많은 시간을 보낸다는 것이다. 전도를 잘 할 수 있는 사람들이 대부분의 시간을 교회에서 교인들과 교제하는 데 보내기 때문에 더욱 불신자를 만날 기회가 없다는 것이다. 바빠서 전도할 시간이 없다는 이야기다.

만약 목사가 너무 바빠서 주일날 설교 할 시간이 없다고 하면 말이 되는가? 말이 되지 않는다. 마찬가지이다. 목사의 주 사역은 설교하는 것이고, 교인을 가르치고 그들을 돕는 것이다. 당신의 사역은 주일날 은혜 받고 세상에 나가서 불신자를 만나 전도하는 것이다. 그런데 불신자 만날 시간이 없다니, 말이 안 되는 것이다. 교인들과 만나면 재미있고 헤어지기 싫을 것이다. 그렇지만 잘라버려야 한다. 절제해야 한다. 지혜롭게 시간을 사용하고 적절하게 잘 배분하는 것이 필요하다.

만약 당신이 자신의 자녀를 잃어버렸다면, 다른 일에 신경이 쓰이겠는가? 자녀를 찾는 것보다 더 중요한 일이 있겠는가? 그리고 그 자녀를 찾아주는 사람보다 더 고마운 사람이 또 있겠는가?

이미 예수 믿고 구원의 확신이 있는 우리야 무슨 일이 일어나든 걱정이 없다. 경제가 좀 어려워도, 몸이 아파도, 설사 전쟁이 난다고 해도 담담할 수 있다. 지금 죽어도 천국인데, 죽음이 두렵지 않으니 아무 것도 겁날 게 없을 것이다. 그렇지만 아직 이 땅의 사분의 삼이 예수를 믿지 않고 있다. 내 사랑하는 가족과 친구와 친척이 예수를 믿지 않고 있다. 그들이 지금 죽으면 지옥에 간다는 말이다. 그런데 마음 편하게 내버려 두고 "난 예수 믿고 구원받았으니 됐어." 하면서 주님을 찬양만 하며 지낼 것인가? 이것은 하나님의 마음을 너무나도 모르는 처사다. 그들도 똑같은 하나님의 자녀이다. 하나님은 그들도 구원하기를 원하신다. 당신의 입술을 통하여, 당신의 전도를 통하여, 당신의 복음과 진리를 통하여 그들을 구원하기를 원하신다.

"예수를 위해 한 영혼이라도 더…"

앞에서 말한 릭 워렌 목사의 아버지도 오십 평생 목회를 하신 목사였다. 자신은 조그마한 중소도시에서 목회를 했지만, 해외에 작은 교회를 짓는 것을 사명으로 여기고 평생 동안 백오십여 개의 교회를 지었다. 그 분이 임종을 맞으시기 직전 가족들이 다 모였는데, 갑자기 생기가 돌면서 자꾸 일어나려 했다고 한다. 워낙 노쇠하시기 때문에 며느리가 도로 눕혀드리면서 "아버님, 무슨 일을 하려고 그러세요?" 하고 물었다. 그랬더니 "예수를 위해 한 영혼이라도 더 구원해야 돼."라는 말을 한 시간 동안 백 번도 넘게 했다는 것이다.

이 말을 들은 릭 워렌 목사님은 이렇게 훌륭한 아버지를 주신 하나님께 감사했다. 결국 릭 워렌 목사의 아버지는 릭 워렌 목사의 머리에 손을 얹고 "예수님을 위해 한 영혼을 더 구원하여라."는 말을 남기고 눈을 감았다. 릭 워렌은 평생 이 말을 가슴속에 새기고 불신자를 구원하는 일에 전심전력하며 살게 되었다.

아직도 우리 주위의 사분의 삼 이상이 불신자이다. 그들이 내 가장 가까운 사람이라면, 바로 그들이 내 사명의 대상이다. 그들을 구원하는 것이 나의 사명이다. 그들을 구원하지 않고는 편히 잠을 잘 수가 없고, 그들을 구원하지 않고는 우리가 편안하게 지낼 수가 없는 것이다. 자식을 잃어버린 아버지의 안타까운 심정으로 불신자를 구원하기 위해서 기도해야 한다. 그리하여 당신을 통하여 구원받은 그 영혼들과 함께 천국에서 영생을 누리라.

2장

전도는 '추수'가 아니라 '농사'다

열한 제자가 갈릴리에 가서 예수의 명하시던 산에 이르러 예수를 뵈옵고 경배하나 오히려 의심하는 자도 있더라 예수께서 나아와 일러 가라사대 하늘과 땅의 모든 권세를 내게 주셨으니 그러므로 너희는 가서 모든 족속으로 제자를 삼아 아버지와 아들과 성령의 이름으로 세례를 주고 내가 너희에게 분부한 모든 것을 가르쳐 지키게 하라 볼찌어다 내가 세상 끝날까지 너희와 항상 함께 있으리라 하시니라 (막 28: 16-20).

형님을 실망시키지 않게 하려고

몇 년 전에 우연히 "아라한 장풍 대작전"이라는 영화에 주연으로 출연한 류승범이라는 배우의 인터뷰 기사를 보았다. "패션 오브 크라이스트"라는 영화를 보러 갔을 때 예고편으로 나왔던 영화였기 때문에 관심이 가서 읽어보았더니 류승완 감독이 류승범 씨의 형님이란다. 형님이 감독하고 동생이 주연해서 영화를 만들었다. 처음에는 형님과 아우로 있다가 감독과 배우로 만나니까 좀 어색해서 어려움이나 혼란도 있었단다. 특히 조폭에게 따귀를 맞는 신을 찍으며 고생한 내용이 인상적이었다. 예전에는 피하면서 맞는 척만 하면 됐는데 요즘은 그렇게 하면 실감 안 난다고 진짜로 때린다고 했다. NG가 많이 나 따귀를 백 대나 맞은 적도 있다. 눈물이 핑 돌 정도로 아픈데 감독이 좀 대충대충 넘어가 주지 않고 끝까지 맞게 해서 속으로는 좀 야속하다는 생각도 들었다고. 우여곡절 끝에 영화는 잘 끝이 났고, 감독 류승완은 류승범을 주연으로 쓴 것을 자랑스럽게 생각한다며 칭찬했다. 동생도 형님에게 인정을 받게 되어 매우 기뻤을 것이다. 정말 아름다운 모습이었다.

예수님은 우리의 형제

당신은 예수님을 누구라고 생각하는가? 예수님은 만왕의 왕이시다. 동시에 예수님은 우리의 형님, 나의 오빠이기도 하다. 혹 "아이고, 불경스럽게. 어떻게 감히 예수님을 형님이라고 할 수 있겠습니까?"라고 생각할 수도 있다. 그러나 사실인 것을 어떡하겠는가? 사극을 보면 왕자들이 관직에 머물게 되는 경우가 있다. 그렇게 되면 동생이면서 신하가 된다. 형님이면서 나의 주인이 된다. 예수 그리스도를 나의 구주로 영접할 때 우리에게 놀라운 변화가 일어난다. 신분이 바뀐다. "그리스도 안에 있으면 새로운 피조물이라 이전 것은 지나갔으니 보라 새것이 되었도다"(고후 5:17)라고 했다. 어떤 새로운 존재가 되는가? 바로 하나님의 자녀가 된다. 하나님을 '아버지' 라고 부를 수 있는 존재가 된다. 예수님도 하나님을 아버지라고 부른다. 그러니 예수님과 우리는 항렬이 같은 것 아닌가.

로마서 8장 29절에 보면 "하나님이 미리 아신 자들로 또한 그 아들의 형상을 본받게 하기 위하여 미리 정하셨으니 이는 그로 많은 형제 중에서 맏아들이 되게 하려 하심이니라"는 말씀이 있다. 예수님은 맏아들이고, 우리들은 모두 예수님의 동생들이라는 말이다. 이 놀라운 사건을 이룩하기 위해서 예수님께서 십자가에 못 박혀 죽으셨다. 그러므로 이제 우리는 예수님을 향하여 당당히 형님이라고 말할 수 있는 존재이다.

어떤 직장에 가서 직장예배를 인도한 적이 있다. 그런데 그 회사는 조직이 좀 이상해서 형님이 사장이고 그 밑의 동생이 전무고 그 밑의 동생이 상무고 그 밑의 여동생은 재정을 맡고 있었다. 꽤 큰 회사이기 때문에 모든 직원이 다 가족인 것은 아니지만, 중요한 직책들은 가족들이 맡고 있었다. 그렇게 가족이 한 회사에 있다 보니 아주 화목한 분위기 속에서 회사가 운영되고 있었다. 예배가 끝난 후 사장, 전무, 상무와 같이 식사를 하게 되었는데, 자연스럽게 가족 모임이 되었다. 동생들에게 "형님을 사장으로 모시고 직장 생활하기가 어떠십니까?"라고 물어보았더니 가족이 항상 같이 지내서 정말 좋다고 한다. 그리고 형님이 사장으로서 어떤 명령을 내리면 굉장히 부담이 된다고 했다. 그냥 단순하게 사장 대 직원으로 만났다면 대충대충 눈가림하고 넘어갈 수 있는 문제도 형님의 명령이기 때문에 대충대충 할 수 없다는 것이다. 그래서 그 임무를 더 정성스럽고 충실하게 수행하기 위해서 힘쓴다고 했다. 그 덕분에 공장이 잘 운영되어, IMF 때 많은 회사들이 어려움을 겪는 와중에 그 회사의 매출은 오히려 신장되었고, 매우 탄탄한 중소기업으로 발전하게 되었다.

형님이신 예수님의 부탁

예수님께서 부활하신 다음에 제자들을 갈릴리로 다 모으셨다. 그리고 그들에게 말씀하셨다. 마태복음 28장 19-20절이다. "예수께서 나아와 일러 가라사대 하늘과 땅의 모든 권세를 내게 주셨으니 그러므로 너희는 가서 모든 족속으로 제자를 삼아 아버지와 아들과 성령의 이름으로 세례를 주고 내가 너희에게 분부한 모든 것을 가르쳐 지키게 하라 볼찌어다 내가 세상 끝날까지 너희와 항상 함께 있으리라 하시니라"

모든 족속을 제자 삼기 위해 모든 족속에게 가라는 것이다. 얼마나 힘들고 부담스러운 과제인가? 이것은 예수 믿는, 예수님의 동생 된 우리 모두에게 주어진 명령이다. 예수님이 제자들에게 세례를 받으라고 해서 우리가 세례를 받는다. 예수님이 제자들에게 성만찬하라고 해서 우리가 성만찬을 한다. 마찬가지로 주님께서 제자들에게 전도하라고 명령하셨다면 세례 받듯이, 성찬에 참여하듯이 반드시 순종해야 한다.

전도에 관한 설교를 들을 때 마음에 부담이 되는가, 그렇지 않은가? 얼마 전에 전도에 관한 시리즈 설교를 한 적이 있다. 그랬더니 설교가 너무 부담스럽다는 소문이 들려왔다. 그 소식을 듣고 얼마나 기뻤는지 모른다. 부담이 되어야 정상이다. 전도에 관한 설교를 듣고도 전혀 부담을 느끼지 않고, 이쪽 귀로 듣고 저쪽 귀로 흘려버린다면 예수를 사랑하지 않는 것이다.

진심으로 사랑하는 사람의 말은 부담이 된다. 예를 들어서 어떤 여자가 사랑하는 남자를 만나러 간다고 가정해 보자. 결혼하고 싶을 만큼 사랑하는 남자에게 데이트 신청을 받았다. 목욕을 하겠는가, 안 하겠는가? 아침에 나갈 때 화장을 얼마나 오래 하겠는가? 아마 한두 시간도 더 걸릴 것이다. 이 옷을 입을까, 저 옷을 입을까, 옷도 몇 번이나 갈아입을 것이다.

또한 굉장한 부담감을 가지고 떨리는 마음으로 그 장소에 나갈 것이다. 그런데 반대로 전혀 마음에 없는 사람이 자꾸 한 번만 만나 달라고 하면 어떻겠는가? 그냥 입고 있는 옷 그대로 입고, 슬리퍼 끌고 나갈 것이다. 만나는 게 전혀 부담되지 않기 때문이다. 그렇다면 그 사람은 사랑하지 않는 사람이다. 예수님 말씀이 부담되면 예수님을 사랑하는 것이다.

그러면 예수님께서 왜 이렇게 부담스러운 부탁을 하셨는가? 예수님의 부탁이니, 사랑하는 형님의 부탁이니 안 들어드릴 수도 없는데, 왜 이렇게 힘든 부탁을 동생들인 우리들에게 하셨겠는가? 틀림없이 그 부탁이 우리에게 유익이 되기 때문이다.

사랑하는 자녀들에게 유언할 때, 자녀들을 골탕 먹이려고 유언하는 부모가 있는가? 사랑하기 때문에 하는 유언이다. 마찬가지로 예수님께서 하신 부탁도 우리를 복 되게 하시려는 유언과 같은 것이다. 부담스러운 부탁인 동시에 복된 명령이다.

목숨 걸고 사랑할 사람이 있으면 행복하다

어느 책을 보니까 '누가 가장 행복한 사람인가?' 하는 질문에, "그 사람을 위해서 내 목숨을 다 주어도 아깝지 않은 사 랑하는 사람이 있는 사람은 행복한 사람이다. 또한 그 일을 위 해서 내 생명 전부를 다 쏟아부어도 전혀 아깝지 않은, 생명보 다 더 소중한 일이 있는 사람은 행복한 사람이다."라고 답하고 있다.

당신은 어떻게 생각하는가? 예수님께서 우리를 위해서 십자가에 못 박히실 때 고통스러웠겠는가, 행복했겠는가? 고 통스러우면서도 행복했을 것이다. 생살에 못이 박히는데 아프 지 않았겠는가? 분명히 고통스러웠을 것이다. 그러나 위하여 죽어줄 수 있는 사랑하는 우리 때문에 예수님은 행복하셨을 것이다.

윤동주님의 '십자가' 라는 시가 있다.

쫓아오던 햇빛인데
지금 교회당 꼭대기
십자가에 걸리었습니다.

첨탑이 저렇게도 높은데

어떻게 올라갈 수 있을까요?

종소리도 들려오지 않는데
휘파람이나 불며 서성거리다가,

괴로웠던 사나이,
행복한 예수 그리스도에게처럼
십자가가 허락된다면

모가지를 드리우고 꽃처럼 피어나는 피를
어두워 가는 하늘 밑에 조용히 흘리겠습니다.

　　예수님을 가리켜서 '괴로웠던 사나이 행복한 예수 그리
스도' 라고 묘사한다. 작가는 예수님이 고통스러웠지만 틀림
없이 행복했을 거라고 믿고 있다. 그리고 만약 자신에게 조국
을 위해서 주님을 위해서 십자가를 질 수 있는 기회가 주어진
다면 기꺼이 자신의 목숨을 내어놓겠다는 결단이 시 속에 담
겨져 있다.

전도는 자기 십자가를 지는 것

전도는 힘든 것이다. 누구든지 나를 따라오려거든 자기를 부인하고 자기 십자가를 지고 날 따라오라고 했다. 자기를 부인하고 자기 십자가를 지는 삶이 없이는 전도가 불가능하다. 그리스도의 남은 고난을 내 육체에 채우고 나야 전도가 가능하다. 전도가 얼마나 힘든 것인지 예수님은 아셨다. 그러면서도 왜 우리에게 전도하라고 명령하셨는가? 그 속에 놀라운 행복이 담겨져 있기 때문이다.

사랑하는 딸을 시집 보내면서 "애, 너 시집은 가지만 절대로 아이는 낳지 말아라. 얼마나 아픈 줄 아니?"라고 하는 친정어머니가 있는가? 그런 친정어머니는 한 사람도 본 적이 없다. 오히려 결혼하고 일 년, 이 년 지나도 아무 소식이 없으면 "애, 좋은 소식 없니?"라고 하면서 자녀가 아이 낳기를 기다린다. 해산의 고통이 얼마나 심하겠는가? 남자여서 경험하지 못했지만 생각만 해도 정말 아플 것이다. 그런데 자기가 그 고통을 겪었으면서도 똑같은 고통을 딸에게 겪게 하는 그 심사가 무엇인가? 분명히 고통스럽지만 그 속에 엄청난 행복이 담겨져 있기에, 어머니가 되는 그 행복과 기쁨을 알기에 사랑하는 딸에게 아이를 낳으라고 하는 것이다.

내가 예수 믿어 행복한 것, 참 기쁜 일이다. 그러나 나를 통해서 다른 사람이 예수를 믿게 되었을 때, 그 기쁨은 차원이 다르다. 처녀가 거울로 자신의 예쁜 모습과 늘씬한 몸매를 보면서 기뻐하는 것과, 어머니가 되어서 아이에게 젖을 먹이고 행복해하는 것과는 차원이 다르다. 예수 믿는 진정한 기쁨은 전도할 때 맛볼 수 있다.

얼마 전에 어떤 집사님 부부와 함께 식사를 한 적이 있다. 남편이 칠십이 다 되어서 예수님을 믿게 된 분이다. 예수 믿은 지 이제 일 년 밖에 안됐는데 열심히 예수님 믿어서 일 년 만에 집사님이 되었다. 너무너무 기뻐서 식사를 대접하고 싶다고 하여 함께 식사를 했는데, 부인이 얼마나 기뻐하고 남편이 얼마나 행복해하는지 모른다. "신혼 때보다도 지금이 훨씬 더 행복합니다."라고 고백하는 모습을 보았다. 이것이 바로 예수 믿는 행복이요, 전도하는 기쁨이다. 이 행복과 기쁨을 우리로 하여금 맛보게 하기 위해서 주님께서 우리에게 전도하라는 명령을 하신 것이다. 전도를 하면 많은 손해를 보고 고난을 겪게 되지만, 고난 후에는 큰 보상이 따르게 된다. 절대 의미 없는, 무의미한 고난이 아니다.

십자가의 고난이 주님의 영광으로

예수님의 십자가 고난은 바로 주님의 영광으로 이어진다. 그래서 히브리서 2장에서는 "죽음의 고난 받으심을 인하여 영광과 존귀로 관 쓰신 예수"라고 말하고 있다. 십자가의 고난이 곧 영광이더라는 것이다. 가장 낮아지신 그 예수님, 이제 우리는 예수 믿고 구원을 얻고 부활한다는 것을 알고 있다. 그런데 부활할 때 우리의 영광이 모두 다르다는 것을 알고 있는가? 태양이 있고 달이 있고 별과 별들이 있다. 다 밝은 존재이지만 그 밝기는 다 다르다. 이처럼 우리 모두가 영광스런 존재로 부활하더라도 각자의 영광은 다르다.

그러면 어떤 사람이 가장 영광스러운 존재로 부활하겠는가? 그것은 이 땅에서 얼마나 부자로 살았는가, 얼마나 높은 신분에 도달했는가 이런 것에 따라서 결정되는 것이 아니다. 주님을 위해서 얼마나 고난 받았는가 하는 것이 기준이다.

로마의 법 집행은 아주 공정하기로 소문이 나 있다. 로마 사람들은 전쟁이 끝난 다음에 그 전리품들을 함께 전쟁에 참여했던 병사들에게 나누어 주는데 포상의 원리는 '얼마만큼 부상을 입었는가'이다. 여기 전리품으로 많은 금이 쌓여 있다. 이것을 나누어 주는데, 손이 하나 잘라져 나간 병사에게는 손

크기만한 금덩어리를 준다. 팔이 잘려 나간 병사에게는 팔 크기만한 금덩어리를 준다. 다리가 잘려 나간 병사에게는 다리만한 금덩어리를 준다. 어떠한가? 공평한가, 불공평한가? 모든 사람에게 똑같은 크기의 금을 주는 것이 공평하겠는가? 고난당한 만큼 더 많은 상을 주는 것이 공평하겠는가?

우리가 주님을 위해서 많은 고난을 당하면 천국의 상급이 그만큼 더 커진다. 그렇기 때문에 주님을 위해 고난 받는 삶을 살 수 있는 것이다. 자기 십자가를 지고 나를 따라오라고 주님께서 말씀하고 있다. 사실 우리나라와 같은 상황에서는 전도하지 않으면 예수 때문에 욕먹을 일이 없다. 그러나 전도하면 무례한 사람이라고 인격적 냉대를 받을 수 있다. 전도하면 물질적인 손해를 본다. 시간적인 손해를 본다. 뺨 맞고 욕먹을 수도 있다. 그러나 그것은 무의미하거나 헛된 것이 아니고 영원한 천국의 상급으로 우리에게 돌아올 일이다. 때문에 주님께서는 전도하라고 말씀하신다.

'나에게'가 아닌 '우리에게' 하신 부탁

전도를 하라는 부탁은 '나 혼자' 하라는 부탁이 아니고 '우리가 함께' 하라는 부탁이다. 베드로에게 개인적으로 말씀하신 것이 아니고, 안드레에게 개인적으로 말씀 하신 것도 아니며, 제자들이 함께 모여 있을 때 그들에게 말씀하신 것이다. '내가 너희에게 분부한 것을' 이라고 복수형을 쓰고 있다.

전도는 혼자 하는 것이 아니다. 우리가 함께 하는 것이다. 교회가 하나의 팀이 되어서 예수님과 함께 하는 것이다. 혼자 하면 심심하고 재미없지만 함께하면 재미있지 않은가. 농사지을 때 뜨거운 태양볕 아래서 혼자서 일한다고 생각해 보라. 얼마나 힘들겠는가? 그러나 사랑하는 가족과, 온 동네 사람들이 함께 모여서 농가를 부르며 흥겹게 일하면 힘들어도 즐거울 것이다.

전도도 마찬가지이다. '전도는 즐거운 것' 이라는 사실을 기억해야 한다. 전도는 주님과 함께 하는 것이고 사랑하는 하나님의 자녀 된 우리들이 함께하는 것이기 때문이다. 많은 경우 전도가 힘들다고 하는 것은 나 혼자라고 생각하기 때문이다. '나는 전도할 수 없다, 실패했다.' 고 생각하기 때문이다. 이 점을 잘 간파해야 한다. 전도는 반드시 성공한다. 예수님이 항상 함께 하시기 때문이다. "내가 세상을 이기었노라"고 했다. 이기신 예수님과 함께 하는 전쟁이라면 이미 이긴 것이다. 전도는 영적인 전쟁이다. 이기신 예수님과 함께하는 전쟁이기 때문에 전도하면 반드시 승리한다. 전도에는 결코 실패가 없다.

전도는 추수가 아닌 농사

그럼 많은 사람들이 전도를 실패했다고 생각하는 이유가 무엇인가? 그것은 전도를 추수라고만 생각했기 때문이다. 그러나 전도는 추수만이 아니다. 전도는 곧 농사하는 것과 같다. 추수는 농사의 한 부분이지 농사의 전부가 아니다. 어떤 사람을 교회에 데리고 가서 등록을 시켜야만 전도에 성공한 것인가? 그것은 마치 씨를 뿌리고 가꾸어서 곡식을 추수해야만 농사라고 생각하는 것과 마찬가지이다. 그러나 그렇지 않다. 농부가 하는 모든 일은 다 농사가 된다.

한 농부가 빈 땅을 보았다. 무엇을 생각하겠는가? '당장 여기에 뭘 심을까? 무슨 작물을 심을까?' 하고 생각할 것이다. 그것도 농사의 일부이다. 생각 없이 농사하면 농사에 성공할 수 없다. 우리가 어떤 사람을 만났을 때 '이 사람을 어떻게 전도할까?' 하는 생각이 들면 예수님의 부탁을 부담스러워 하는 것이다.

이사를 가서 이웃집의 사람을 만났다. 예수를 믿지 않는 사람이다. 그런데 아무런 느낌이 없다. 그러면 예수님의 부탁이 부담이 되지 않는 사람이다. 가족 중에 예수 믿지 않는 사람이 있다. 그런데 전혀 부담이 없다. 참 이상한 사람이다. '믿지 않는 남편을 어떻게 전도할까?' 생각하고 기도하고 있으면 지금 당신은 전도하고 있는 것이다.

아무 땅에나 씨를 뿌리는가? 땅을 부드럽게 만들고 거름을 주고 옥토를 만든 다음에 씨를 뿌리지 않는가? 전도할 때도 마찬가지이다. 그냥 지나가다가 아무사람이나 붙들고 예수 믿으라고 말하면 별로 효과가 없다. 특히나 한국 사람은 '우리'와 상대방을 분리해 생각하는 경향이 있다. 가옥 구조를 한번 보라. 우리와 남을 구분하기 위해 담과 울타리를 쳐놓는다. 그런데 일단 담을 뛰어넘으면 안은 아주 허술하다. 담만 뛰어넘으면, 그 담 안에만 들어오면 다 같은 공간이나 마찬가지다.

그래서 '우리' 안에 들어오게 되면 굉장히 개방적이다. 선거 캠페인 중 '우리가 남이가' 라는 말이 굉장한 효력을 발휘하기도 했다. '우리' 라고 생각하면 어지간한 것은 다 받아들여 주는 것이다. 따라서 전도하기 전에 먼저 전도 대상자와 전도자가 '우리' 라는 느낌을 받게 해야 한다. 아직 '우리' 라는 느낌이 들지 않는데 전도하면, 남의 말이라 생각하고 마음을 열지 않는다. 먼저 사귀어야 한다. 어떻게 하면 되는가? 먼저 인사해야 한다. 상냥하게 인사하고 친절하게 도와주고, 기회 되면 선물도 주고 힘들 때 도와주고……. 그렇게 자꾸자꾸 인간적으로 가까워져서 '저 사람 좋은 사람이다.', '참 정직한 사람이다.', '참 사랑이 많은 사람이다.' 하고 생각될 때가 땅이 부들부들, 옥토로 만들어졌을 때다. 그 때 복음의 씨앗을 심는 것이다. 미처 예수 믿으라는 말을 못했다. 그렇지만 잘 사귀었다. '예수 믿는 사람 참 좋은 사람이야.' 라고 생각하게 했다. 그렇게까지밖에 못 만들었으면 전도에 실패한 것인가? 그것도 성공이다. 땅을 잘 옥토로 만들어놓았으니 다른 사람이 씨를 뿌리면 되지 않는가.

이번엔 당신이 씨를 뿌렸다. 직접 예수님의 복음을 전할 수도 있겠고, 혹은 목사님의 설교 테이프를 갖다 주면서 "이거 꼭 한 번 들어보십시오."라고 할 수도 있다. 혹은 편지를 쓸 수도 있겠고 좋은 책을 선물할 수도 있다. 어떤 식으로든지 "예수를 믿어야 구원을 얻습니다. 천국과 지옥이 있습니다. 예수를 믿어야만 죄를 용서 받고 천국에서 영원히 살 수 있습니다."라고 하는 내용을, 복음을 전달해야 한다. 그리고 계속 그를 위해 기도해 주어야 한다. 씨를 심어놓고 물과 거름을 주듯이 계속 사랑의 사귐을 가져야 한다. 그러다가 결정적인 순간에 교회로 인도해서 등록시키든지, 개인적으로 예수를 구주로 영접할 수 있도록 영접 기도를 시킨다든지, 구역 예배에 참석하게 한다든지, 집으로 초대해서 예수 믿기로 결단할 수 있도록 도와줘야 한다. 이 모든 과정이 다 전도이다. 이 과정 중에 하나만 해도 전도의 성공이다. 당신은 전도에 성공하고 있는 것이다. 지금 잘하고 있다. 계속하기만 하면 된다. 일도 그렇고 운동도 그렇고, 안 하다 하면 처음에는 좀 힘들다. 그렇지만 익숙해지면 힘들지 않다.

처음에 외가에 가서 모심기를 도와주었을 때는 한 삼십 분하고 나니까 허리가 끊어질 것 같고 더 이상 할 수가 없었다. 그런데 계속 일하시던 외삼촌은 한나절을 그냥 계속하셨다. 전도가 처음에는 힘들지만 계속 하다보면 점점 실력이 늘어나고 기운이 생겨나고 영적 힘이 생겨서 전혀 힘들지 않다. 전도는 우리가 함께 하는 것이고 예수님과 함께 하는 것이기 때문이다. 그것은 즐거운 것이고 성공할 수밖에 없는 일이다. 전도는 하는 만큼, 그 만큼 성공이다.

"나는 그들을 믿는다"

주님께서 부활 승천하셨을 때 천국에서 어떤 일이 일어 났을까? 어느 작가가 상상해서 쓴 글을 보았다. 예수님께서 승천하셨을 때 수많은 천군 천사들이 나와서 예수님을 영접했다. 천사들이 나와서 예수님 앞에 머리를 조아리고 경배하면서 "예수님, 얼마나 수고가 많으셨습니까? 십자가를 지실 때 얼마나 아프셨습니까? 그러나 이제 모든 인간의 죄 값이 치러졌으니 이제는 편히 쉬십시오. 이제 이 복음이 전달만 되면 이 복음을 믿기만 하면 모든 사람이 영원한 생명을 얻습니다. 이제 저희들이 땅 끝까지 가서 모든 사람에게 생명의 복음을 전하겠습니다."라고 말했다.

그러자 예수님께서 "아니다. 그럴 필요 없다. 내가 내 사랑하는 제자들에게, 갈릴리 몇몇 여인들에게 이 소식을 전하라고 부탁을 하고 왔다."라고 대답하셨다. "아니, 예수님. 그들이 얼마나 형편없는 존재인지 예수님이 잘 아시지 않습니까? 그들은 무식하고 보잘 것 없는 존재들입니다. 그들은 이미 예수님을 배반한 적이 있는 믿을 수 없는 사람들이 아닙니까? 그들은 실패할 것입니다. 그들은 예수님의 부탁을 잘 준행할 수 없을 것입니다. 우리들이 하겠습니다."라고 천사들이 말하자 예수님께서는 단호히 이같이 말씀하셨다.

"아니다. 그들은 실패하지 않을 것이다. 그들은 결코 나를 배반하지 않을 것이다. 나는 그들을 믿는다."

주님은 당신을 믿으신다. 그래서 당신에게 생명의 복음을 전하라는 부탁을 하셨다. 그것은 주님이면서 형님이신 예수님의 부탁이다.

3장

먼저 믿은 자의 '무관심'은 죄다

십자가의 도가 멸망하는 자들에게는 미련한 것이요 구원을 얻는 우리에게는 하나님의 능력이라 기록된 바 내가 지혜 있는 자들의 지혜를 멸하고 총명한 자들의 총명을 폐하리라 하였으니 지혜 있는 자가 어디 있느뇨 선비가 어디 있느뇨 이 세대에 변사가 어디 있느뇨 하나님께서 이 세상의 지혜를 미련케 하신 것이 아니뇨 하나님의 지혜에 있어서는 이 세상이 자기 지혜로 하나님을 알지 못하는고로 하나님께서 전도의 미련한 것으로 믿는 자들을 구원하시기를 기뻐하셨도다 … 하나님께서 세상의 미련한 것들을 택하사 지혜 있는 자들을 부끄럽게 하려 하시고 세상의 약한 것들을 택하사 강한 것들을 부끄럽게 하려 하시며 하나님께서 세상의 천한 것들과 멸시 받는 것들과 없는 것들을 택하사 있는 것들을 폐하려 하시나니 (고전 1:18-28).

"자기야, 가지마"

최근 장인어른의 장례식이 있었다. 진주에서 장례식을 하고 진주시립 화장터에서 화장을 하는데, 우리 다음에 들어오는 팀을 보니 젊은 분이 돌아가신 것 같았다. 아마도 남편상을 당한 것 같은데, 삼십 대 초반쯤 되어 보이는 여자가 뒤에서 울면서 따라오고 앞에서는 승려가 목탁을 치면서 들어오고 있었다. 그 쪽도 화로에 시신을 넣고 다 타기까지 기다리고 있는데 앞에서는 승려가 염불을 외우면서 목탁을 두드리고 있다. 그 여인이 바닥에 앉아서 계속 무엇인가 말을 하며 울부짖는데, 무슨 말을 하는지 들어 보니까 "가지마, 자기야. 가지마,

안 돼. 못 가게 해!"라며 울부짖고 있는 것이었다. 나중에는 기운이 빠지니까 "자기야, 집에 가자, 집에 가자."라고 하는데, 그 말을 듣고 얼마나 가슴이 아팠는지 모른다. 뛰어가서 그 여인을 붙들고 전도하고 싶은 생각이 들었다. 분위기를 보아서는 온 집안이 불교를 믿는 것 같았다. 그 남편은 지옥불 속에서 고통당하고 있을 것이다. 남편이 지옥에 간다는 느낌이 있었는지, 자꾸 가지 말라고 한다. 그런데 필자의 장인어른은 "나 천국 간다."는 말만 남기고 평안하게 가셨다.

수많은 장례식을 진행해 보았다. 남편을 먼저 떠나보내는 경우도 있고 자식을 먼저 떠나보내는 경우도 있지만 가지 말라고 하는 것을 들어본 적은 한 번도 없다. 잘 가라고, 질병 없고 고통 없는 곳에서 편안히 살라고, 자신도 곧 따라갈 테니 나중에 천국 가서 만나자고 하지, 그렇게 가지 말라고 하는 경우는 없었다. 여기서 참 진리를 가진 종교와 그렇지 못한 종교가 판명 나는 것이다. 천국으로 인도할 수 있는 길과 다른 길이 극명하게 차이나는 것이다.

불신자들, 기독교 외의 타 종교인들. 나름대로 그것이 바른 길이라 믿고 갔겠지만 그 마지막은 지옥이다. 어떻게 해야

216

하는가? 천국 가는 길을 알지 못하고 지금 지옥으로 향해 가는 그들에게 무슨 소망이 있겠는가? 그들이 구원 받을 수 있는 방법은 단 하나, 우리가 그들에게 바른 길을 알려주는 것뿐이다.

전도 잘하는 교회가 건강한 교회

고린도전서 1장 21절의 말씀이다. "하나님의 지혜에 있어서는 이 세상이 자기 지혜로 하나님을 알지 못하는 고로 하나님께서 전도의 미련한 것으로 믿는 자들을 구원하시기를 기뻐하셨도다" 하나님은 전도를 통해서 사람을 구원하신다는 것이다. 먼저 믿은 우리가 입을 꼭 다물고 있으면 하나님은 더 이상 사람을 구원하지 않으시겠다는 뜻이다. 하나님은 먼저 믿은 우리의 전도를 통해서만 사람을 구원하시기로 작정하셨다. 우리가 입을 다물고 있으면 세상에는 소망이 없다. 우리가 세상의 소망이다. 교회가 할 수 있는 일 중에 가장 중요한 것이 바로 전도다. 전도는 교회만이 할 수 있는 일이다. 내가 교회요, 우리가정이 교회요, 우리교회가 교회다. 사람이 많이 모이는 교회, 건물이 웅장한 교회가 좋은 교회가 아니다. 전도 잘하는 교회가 건강한 교회요, 교회다운 교회이다. 그렇다면 전도 잘하는 교회, 건강한 교회, 교회다운 교회가 되려면 어떻게 해야 하는가?

첫째, 불신자들의 영원한 운명에 관심을 가지라

예수를 믿으면 멸망하지 않고 영원한 생명을 얻는다는 말은 예수를 믿지 않으면 멸망하고 벌을 받는다는 말과 같다. 지옥에서 영원한 고통을 받는다는 것이다. 모두가 함께 예배드리는 가족도 있지만 가족 중에 믿지 않는 사람이 있는 가족도 있다. 예배드리는 시간에, 집에서 텔레비전을 보고 있거나 골프를 치러 간 가족이 있을 것이다. 그들은 어떻게 되겠는가? 그들의 영원한 운명에 대해서 깊이 생각해 보았는가? 당신의 사랑하는 친구들, 친척들, 지금 예수를 믿지 않는 그들의 운명은 어떻게 될 것인가? 그들의 영원한 운명에 관심을 가진다면 혼자만 편안하게 은혜 받고 천국 갈 수 없다. 눈물을 흘리며 기도하지 않고는 이 세상을 떠나갈 수 없을 것이다. '내 친구, 내 친척을 전도해야 될 텐데……' 하는 심각한 마음의 부담 없이 절대로 예배드릴 수 없을 것이다. 전도에 있어서 우리의 문제는 불신자들의 영원한 운명에 대해 무관심하다는 것이다. 주님께서 전해주신 비유 가운데 '선한 사마리아인의 비유' 가 있다. 그 얘기에 나오는 레위인 제사장은 강도를 만난 자가 피를 흘리며 죽어가는 데도 그냥 지나친다. 무관심하다. 바로 그것이 그들의 죄다.

회개해야할 첫 번째 죄, 무관심

엘리 위즐이라는 사람이 이런 말을 했다.

"사랑의 반대는 증오가 아니라 무관심이다. 교육의 반대는 무지가 아니라 무관심이다. 아름다움의 반대는 추함이 아니라 무관심이다. 삶의 반대는 죽음이 아니라 삶과 죽음 모두에 대한 무관심이다."

제일 먼저 회개해야 할 죄가 무엇인가? 바로 무관심이다. 내가 사랑하는 가족이, 친척이, 이웃들이 지금 지옥을 향하여 가고 있는데 입을 다문 채 무관심하고 있을 수 있는가?

전도에 대해 설교하려고 하면 많은 사람들이 "목사님 너무 부담스럽습니다."라고 말한다. 그렇다. 부담스러워야 한다. 사랑하는 가족과 친구들과 친척들이 지옥을 향해 가고 있는데 부담 없이 있을 수 있겠는가? 당연히 부담이 되어야 한다. 이 부담이 기도로 변해야 하고 이 기도에 응답을 받을 때 전도가 가능해진다. 그러므로 기도하기 전에 먼저 마음의 부담을 가져야 한다. 그들에게 관심이 있어야 한다. 관심이 없고 마음의 부담이 없으면 기도도 나오지 않는다.

불타는 토끼를 통한 산교육

가나안 농군학교의 창립자인 김용기 장로님의 이야기다. 지금은 돌아가셨지만, 이 분이 살아계실 때 이런 일이 있었다고 한다. 온 가족과 가나안 농군학교 학생들이 함께 모여서 닭을 오백 마리 기르고, 모피용 앙고라 토끼를 이백 마리 기르고 있었다. 겨울에 너무 추워서 축사에 연탄 난로를 피워 놓았는데 너무 과열이 되었는지 그만 불이 났다. 모피용 앙고라에 불이 붙었으니 얼마나 잘 타겠는가? 토끼가 새빨갛게 불덩어리가 되어 이리저리 뛰어다니니까 그 불이 다른 토끼들에도 옮겨 붙고, 온 가축들이 불구덩이 속에 갇혀서 그야말로 생지옥이 되었다. 가족들이 깜짝 놀라서 내복바람으로 뛰어 나왔고 훈련생들도 함께 불을 꺼보려고 했지만 너무 불길이 세어서 어떻게 해볼 도리가 없었다.

그 때 김용기 장로가 "여러분 조용히 앉아서 저 광경을 바라보면서 산교육을 받으십시다."라고 말했다. 그 불구덩이 속에서 살려고 몸부림치는 닭과 토끼들의 모습을 보면서 김 장로님은 세상에 있는 수많은 사람들을 생각했다. 자신의 죄를 깨닫지 못하고 육신의 정욕을 쫓아가는 사람들이 갑작스럽게 죽음을 당하게 되면 지옥 속에서 저렇게 고통 받을 것이라고 생각하니 너무나도 안타까웠다. 한참 후에 불은 꺼지고 모든 짐승들이 다 죽었다. 새까맣게 재가 되었다.

김용기 장로는 훈련생들 모두를 이끌고 예배당 안으로 들어갔다. 누가 먼저랄 것도 없이 모두 다 울면서 기도했다. 훈련생 가운데에는 천 명이 넘는 깡패를 길러내고 경찰관을 폭행한 전과가 있는 조폭 두목도 있었는데, 불구덩이 속에서 고통당하는 짐승들의 모습을 보면서 '내가 회개하지 않고 계속 이 생활하다가는 지옥불 속에서 저렇게 고통당하겠지.' 하는 생각이 들어 정신이 번쩍 들었다고 한다. 그래서 회개하고 나중에 신학교에 가서 목사가 되었다.

예수를 믿지 않으면 천국에 가지 못한다. 천국에 가지 못하면 지옥이다. 너무 직설적이어서, 표현이 너무 투박해서 미안하지만 그것은 분명하다. 예수 믿지 않으면 지옥 간다. 그렇기 때문에 우리는 전도해야 한다. 우리가 전도하지 않고 입을 다물고 있으면 그들은 지옥을 피할 길이 없다.

둘째, 믿고 있는 바에 대해 정확하게 이해하라

전도란 '도(道)를 전한다'는 뜻이다. 무슨 길인가? 십자가의 길, 영생의 길, 천국 가는 길이다. 그런데 자기가 똑바로 알지 못하면 다른 사람에게 제대로 전해줄 수가 없다.

가끔 운전을 하다가 길을 물어보는 경우가 있는데 이십 내지 삼십 퍼센트의 사람들은 자기도 잘 모르면서 길을 가르쳐 준다. 그러면 엉뚱한 곳으로 가서 고생을 하게 된다. 마찬가지로, 무엇이 복음이고 무엇이 십자가의 도인지 정확히 알고 있어야 정확하게 전할 수가 있다. 그러나 많은 사람들이 "예수 믿자, 교회 가자."라는 말밖에 하지 못한다. "예수 믿는 게 뭔데?"라고 물어보면 "나도 잘 몰라. 일단 교회 가서 목사님 설교 잘 들어보면 돼."라고 한다. 물론 그것도 전도의 한 방법이 될 수 있다. 그러나 초신자 때에 그렇게 했다면 몰라도, 집사가 되고 권사가 되고 장로가 되어서까지 그런 식으로밖에 전도를 못한다면 문제가 있는 것이다. 경우에 따라서는 당신이 알고 있는 진리와 길에 대해서 오 분, 십 분, 삼십 분,

설명할 수 있어야 하지 않겠는가? 제대로 전도할 수 없다면 제대로 믿고 있지 못하다는 증거다. 똑바로 보고 믿고 있다면 그것을 설명할 수 있어야 한다.

다른 사람들을 위해 전도할 때 그 말을 당신 스스로 듣게 된다. 믿음은 들음에서 나오는 것이기 때문에, 전도하는 사람은 절대로 구원의 확신이 흔들리지 않는다. 왜 신앙생활을 하는데 힘이 없는가? 왜 천국이 분명하지 않은가? 조금 죄 짓거나 부부싸움을 하고 나면 지옥 가는 게 아닐까 하고 구원의 확신이 흔들리기도 한다. 왜 그런가? 그것은 복음을 확실하게 믿지 못하고 있기 때문이다.

복음의 핵심

복음의 핵심은 무엇인가? 지난 금요일에 내가 알고 있는 서울에 사는 한 집사님에게서 전화가 왔다.

"목사님, 제 동창이 하나 있는데요. 사업을 크게 하던 사람인데 암에 걸렸습니다. 의사들 말로는 별로 가망이 없는 상태라고 합니다. 예수 믿자고 해도 그렇게 안 믿더니 이제 암에 걸리니까 예수 믿겠다고 하는데 마침 일산에 살고 있다고 합니다. 목사님께서 시간 좀 내 주시면 같이 심방 갔으면 좋겠습니다."

금요일은 향존직 심방으로 정해져 있는데 마침 그날따라 심방을 받기로 한 분이 사정이 생겨서 시간적으로 여유가 있었다. 그래서 함께 가서 전도를 했다. 이 분은 한 번도 교회에 가본 적이 없는 사람이다. 한 평생을 돈 버는 데 온 정신을 쏟고 지내다가 오십대 후반에 암에 걸렸다.

어떻게 전도해야 되겠는가? 기본적으로 하나님에 대해서 말해야 하고 죄에 대해서 말해야 하고 예수님에 대해서 말해야 하고 그 다음으로 믿음에 대해 말해야 한다. 제일 먼저 "하나님을 믿습니까? 하나님께서 천지를 창조하신 사실을 믿습니까? 하나님께서 당신을 만들었다는 사실을 믿습니까?"라고 말하니 대답을 못하고 아주 당혹스러운 표정을 짓는다.

잘 생각해 보라. 믿음은 무엇인가? 믿음은 절대로 감정이 아니다. 믿음은 지, 정, 의 세 가지가 다 통일된 전인격적인 결단이다. 믿음은 감정이 아니고 의지이다. 지금까지 하나님은 없다고 믿고 살았던 사람이 하나님을 처음 믿기 시작할 때, 감정이 동원되어도 믿어지지는 않는다. 갈등이 있는 것이다. 그 때 믿기로 결정해야 한다. 이제부터 하나님 믿겠다고 결정하고 출발하는 것이다. "믿음은 감정이 아니고 의지입니다."라고 설명하고, "하나님을 믿습니까?"라고 물었더니 이렇게 대답했다. "믿기로 결정하겠습니다."

그 다음에도 문제가 있다. 하나님은 의로우신 분이고 하나님의 나라는 의로운 나라인데 죄인은 그 나라에 갈 수가 없다는 것이다. 여기 오케스트라가 있다고 해 보자. 오케스트라가 연주를 하는데 악기 하나가 고장이 나서 계속 이상한 소리를 낸다. 그러면 어떻게 해야 하는가? 그 악기를 빼 버려야 하는 것이다. 퇴출당하지 않으려면 어떻게 해야 하는가? 고쳐야 한다. 고장난 그 상태로는 관현악단 속에 있을 수 없다. 마찬가지로, 의의 나라인 하나님 나라에서 영원히 살기 위해서는 죄를 해결해야 한다. 그런데 죄를 짓기는 쉬워도 없애기는 참 어렵다. 죄를 없애는 방법은 벌을 받는 것 하나밖에 없다. 신통하게도 벌을 받고 나면 그 죄는 완전히 없어지게 된다. 그런데 벌을 받으려면 지옥에 가야 한다. 지옥에 가지 않으려면 누군가가 내 대신 벌을 받아야 한다. 그 분은 나를 대신해 죽어줄 수 있을 정도로 나를 사랑하는 분이어야 하고 죄가 없는 분이어야 한다. 죄인이 다른 죄인을 위해 죽어줄 수는 없기 때문이다. 그런데 이 세상에는 그런 사람이 없었다.

그래서 하나님이 친히 사람이 되셔서 우리 대신 죽어주

셨다. 우리 대신 십자가에 못 박혀 죽으셨다. 그 분이 바로 예수님이다. 그러므로 예수님은 단순한 사람이 아니다. 예수님은 하나님이시다. 이것이 기독교 신앙의 핵심이다. 예수님이 바로 하나님이시라는 것이다. 하나님이 사람이 되셔서 내 대신 죽어주셨다. 이것이 바로 십자가의 도(道)이다. 하나님이 내 대신 죄 값을 다 감당하시고 "다 이루었다"고 말씀하시면서 죽으셨기 때문에 모든 죄는 예수 안에서 다 용서 받았다. 예수님만 믿으면 내 모든 죄를 용서하고 구원해 주시기로 하나님께서 약속해 주셨다. 이 구원은 하나님이 우리에게 주시는 선물이다.

백 퍼센트 십자가 공로

철길 옆에 있는 마을에 삼 대 독자를 둔 집이 있다. 어머니가 한참 방에서 다듬이질을 하느라 아이가 방에서 나가는 것을 모르고 있었다. 그때 기차 기적소리가 울렸고 정신이 번쩍 들어 아이를 불러보니 아무 대답이 없었다. 마당에도 아이가 없자 아이 이름을 부르면서 밖으로 뛰쳐나가 보니 아이가 철길 위에서 놀고 있다. 저 쪽에서는 기차가 다가오고, 위험하기 그지없는 순간이다. 어머니는 미친 듯이 아이를 향해 달려가 아이를 철길에서 밀쳐낸다. 그러나 자신은 미처 기차를 피하지 못하고 기차에 깔려 죽고 만다.

몇 해 전에 우리나라에서 일어났던 사건이다.

이 사건에서 이 아이가 건짐 받는데 몇 퍼센트 정도 아이의 공로가 있다고 생각하는가? 이 아이의 판단, 이 아이의 재빠른 동작이 아이가 구원받는 것과 어떤 상관이 있는가? 전혀 상관이 없다. 백 퍼센트 어머니의 사랑 때문에, 어머니의 희생 때문에 이 아이는 살아났다. 내가 죄를 용서받고 하나님의 자녀가 된 것은 백 퍼센트 예수님의 사랑과 희생 때문이다. 당신의 행위와 구원과는 전혀 상관이 없다. 구원은 백 퍼센트 주님의 십자가의 공로로, 하나님의 크신 은혜로 이루어진다는 사실을 명심해야 한다.

입술의 고백

구원은 선물이다. 그렇기 때문에 당신의 힘으로는 절대로 구원 받을 수 없다. 아무리 헌금을 많이 해도, 아무리 선한 일을 많이 해도, 그것으로는 구원 받을 수 없다. 구원은 선물이기 때문에 자신의 부족함을 깨닫고 하나님이 주신 선물을 감사한 마음으로 받기만 하면 된다. 그 받는다는 표시가 무엇인가? 바로 '입술의 고백'이다.

로마서 10장 9절을 보면 "네가 만일 네 입으로 예수를 주로 시인하며 또 하나님께서 그를 죽은 자 가운데서 살리신 것을 네 마음에 믿으면 구원을 얻으리니 사람이 마음으로 믿어 의에 이르고 입으로 시인하여 구원에 이르느니라" 라고 했다. 마음으로 믿고 입으로 시인해야 한다. 예수 그리스도를 나의 구주로 영접하는 영접의 기도를 해야 한다.

"예수님, 나는 죄인입니다. 예수님께서 내대신 십자가에 못 박혀 죽으심을 믿습니다. 예수님을 지금 나의 주님으로 모십니다." 라고 예수님을 영접해야 한다.

전도는 하나님이 하시는 것

전도는 하나님이 당신을 사용하시는 것이다. 당신이 하는 것이 아니다. "하나님께서 전도의 미련한 것으로 믿는 자들을 구원하시기를 기뻐하셨도다"(고전 1:21) 라고 한다.

누가 그렇게 한다는 것인가? 하나님이시다. 전도하는 주체는 하나님이고 우리는 단지 도구에 불과하다. 우리는 마치 '스위치'와 같다. 스위치가 올라가면 불이 켜진다. 스위치가 내려가면 불이 꺼진다. 스위치는 별 것 아닌 것 같아 보인다. 그러나 그 스위치에는 전기가 연결되어 있어, 그것이 올라가느냐 내려가느냐에 따라 불이 커지기도 하고 꺼지기도 한다. 우리 속에는 하나님의 능력과 사랑이 연결되어 있다. 하나님께서 사람을 구원하는 데 전도의 스위치를 쓰시는 것이다. 그러므로 내 힘으로 내 지혜로 전도하는 게 아니다. 하나님의 능력을 믿고 그냥 순종하면 된다. 하나님께서 올라가라고 하실 때 올리고, 내려오라고 하실 때 내리면 되는 것이다. 전하라고 하실 때 믿고 전하면 놀라운 결과가 나타난다.

내가 아는 홍 집사님이란 분이 있는데, 고등학교 동창들이 모여서 매주 목요일마다 예배를 드리고 있다. 예수 믿지 않는 친구들이 모여서 지금까지 네 명이 세례를 받았다. "목사님 제가 요즘 전도에 재미가 붙었습니다. 삼십 년 동안 예수 믿으면서도 입을 다물고 있으니까 친구가 한 명도 예수를 안 믿었는데 제가 입을 열어서 예수에 대해 전하니까 지금 네 명이 세례를 받았습니다. 너무너무 기뻐서 요즘 '하나님 저 빨리 데려가지 마세요, 전도해야 되니까 조금 더 오래 살게 해 주세요.' 라고 기도합니다."라고 말했다.

전도는 하나님의 능력과 하나님의 사랑으로 하는 것이

다. 당신은 단지 쓰임 받는 도구에 불과하다. 그러므로 자신의 부족함 때문에 전도를 못한다고 생각해서는 안 된다. '나는 부족하기 때문에 전도 못해. 다른 것은 해도 전도는 못해.' 라면서 전도할 엄두도 내지 않고 순종하지 않으면 열매는 맺어지지 않는다.

부족한 자를 귀하게 쓰시는 하나님

고린도전서 1장 26-29절의 말씀이다. "형제들아 너희를 부르심을 보라 육체를 따라 지혜 있는 자가 많지 아니하며 능한 자가 많지 아니하며 문벌 좋은 자가 많지 아니하도다 그러나 하나님께서 세상의 미련한 것들을 택하사 지혜 있는 자들을 부끄럽게 하려 하시고 세상의 약한 것들을 택하사 강한 것들을 부끄럽게 하려 하시며 하나님께서 세상의 천한 것들과 멸시 받는 것들과 없는 것들을 택하사 있는 것들을 폐하려 하시나니 이는 아무 육체라도 하나님 앞에서 자랑하지 못하게 하려 하심이라"

하나님께서는 세상의 약한 것들, 천한 것들을 택하셔서 구원하시기를 기뻐하신다. 당신은 전도하기에 부족하다고 생각하는가? 자신이 전도하기에 너무나도 부족한 존재라고 생각하는가? 그렇다면 당신은 가장 귀하게 쓰임 받을 수 있는 전도자가 될 수 있다. 왜냐하면 하나님은 약한 자를 들어 강한 자를 부끄럽게 하시는 분이기 때문이다.

우리가 잘 아는 전도자 'D. L. 무디'는 초등학교도 제대로 못 나온 사람이다. 교회생활도 형편없이 하던 사람이다. 친구들이 "저런 놈이 도대체 무슨 일에 쓸모가 있을까? 내가 무디의 친구인 것이 부끄럽다."고 말할 정도로 형편없는 사람이었다. 그래서 무디는 하나님을 의지했다. 자신의 무능함을 알았기 때문에 기도하면서 전도했다. 그러자 하나님께서는 무디를 위대하게 사용하셨다. 가장 훌륭한 전도자로, 설교가로 사용하여 주신 것이다. 부족함을 느끼는가? 그렇다면 더욱더 하나님을 의지하라. 더욱더 많이 기도하라. 그러면 부족하지만 하나님께 쓰임받을 수 있다.

문제가 있을수록 전도의 문은 활짝 열린다

심각한 경제적 어려움이 찾아온다는 것, 이것은 우리에게 주어지는 놀라운 전도의 기회이다. 병들었을 때, 실패했을 때, 가난하게 되었을 때, 사람은 복음을 향해 마음의 문을 연다. 부유하고 건강하고 일이 잘 될 때는 아무리 말해도 복음이 안 들어간다. 그러므로 경제적으로 어려울 때가 바로 전도의 기회이다.

물론 당신의 가정에 어려움이 있을 수 있다. 그러나 먼저 그의 나라를 구하여 의를 구하면 나머지는 하나님께서 책임져 주겠다고 약속하셨다. 무얼 입을까 무얼 마실까 걱정하지 말고 하나님께 모두 맡기라. 대신 어떻게 해야 불쌍한 영혼들에게 생명의 복음을 전할까 생각하며 전도에 힘을 다하라. 그리하여 아름다운 열매를 맺고 세상에 참 소망을 주는 성도, 그러한 교회가 되기를 바란다.